ERETS ISRAE

E PAYS JUIF" PAR J. H.

ERETS ISRAËL

— LE PAYS JUIF —

ERETS ISRAËL

LE PAYS JUIF

PAR

J. H. KANN.

BRUXELLES
LIBRAIRIE FALK FILS
12, Rue des Paroissiens
1910

A ma Femme,

ANNA POLAK DANIELS.

A l'occasion de la publication en français d'« Erets Israël », je remercie Mlle Catharina van Zon, qui, de si bonne grâce et avec un désintéressement parfait, a bien voulu se charger de la traduction et qui a scrupuleusement suivi le texte original. J'espère que cette édition française sera accueillie aussi favorablement que les éditions hollandaise et allemande.

Les idées libérales qui se sont fait jour ces derniers temps dans l'Empire ottoman, ouvrent à ce livre un vaste champ clos jusqu'alors : notamment aux pays de cet Empire où existe une nombreuse population juive, dont une grande partie ne se représente que très vaguement le pays de ses ancêtres.

Quoique les changements survenus dans la Turquie d'Europe ne manqueront pas d'exercer leur influence sur les contrées éloignées de l'Empire, il est à supposer que cette influence ne se fera sentir que très graduellement. En offrant leur secours afin d'accélérer le développement de la Palestine, les Sionistes n'aspirent à autre chose qu'à mettre leur bonne foi hors discussion. Ils maintiennent que leurs intérêts sont parallèles à ceux de l'empire ottoman. Quant à mes observations concernant une future Palestine juive, écrites avant le rétablissement de la constitution, il va sans dire que je n'y tiens qu'autant qu'elles ne dérogent à aucun principe constitutionnel. Ce n'est que sous réserve expresse d'une pleine conformité avec le nouvel état de choses que dans cette édition française elles n'ont pas été amendées. Tout ce que nous désirons est de voir un jour la Palestine un digne centre du monde juif !

J. H. K.

La Haye, Décembre 1909.

Avant-Propos

« Erets Israël », le pays juif, c'est la terre de Canaan, la « Terre-basse » ou les « Pays-bas », de l'Antiquité. Et en effet la partie basse de la Judée, surtout son littoral, rappelle la Hollande. Je l'ai remarqué, comme juif hollandais, avec une véritable joie, car, tout en ne faisant qu'un avec le peuple juif, je me sens en même temps Hollandais, très attaché à la Hollande que j'aime comme on n'aime que son pays natal.

Je fis, au printemps de 1907, un voyage en Palestine et en Syrie, et pendant les trois mois de mon séjour là bas je ne fus pas un jour sans recueillir des impressions nouvelles. Les pages qui vont suivre en sont le compte-rendu fidèle ; j'y ajoute parfois des conclusions que j'ai tirées de mes impressions. Je donne mon opinion en toute sincérité et j'espère *qu'on l'appréciera. J'ai pris note de tout ce qui me semblait en valoir la peine et cela, aussi objectivement que possible. Je dois nombre de renseignements à Monsieur Saphir, le sous-directeur de l'Anglo-Palestine Company à Jaffa, qui m'a accompagné pendant une partie de mon voyage en Palestine. J'ai eu recours, aussi, aux rapports clairs et précis que Monsieur Levontin, le directeur de l'Anglo-Palestine Company, a mis à ma disposition.*

Mon kodak m'a rendu de bons services, les clichés les plus réussis sont reproduits dans cet ouvrage. La partie qui traite de la colonisation juive contient également un exposé du système scolaire. Avant de le rédiger, j'ai consulté Monsieur Jan Ligthart, directeur d'une école publique de La Haye, une autorité en matière d'enseignement primaire. Je lui dois le projet d'enseignement indiqué à grands traits par moi. Souhaitons que le système scolaire, dans le pays juif, soit organisé d'après les principes de Monsieur Ligthart!

J'ai fait suivre le chapitre de la colonisation juive d'une dissertation succincte sur le Sionisme. Loin de moi l'intention de présenter le Sionisme comme un remède radical et immédiat. S'il aboutit, la misère juive en Russie et en Roumanie ne cessera pas, mais il aura certainement pour effet, un soulagement considérable. A côté du Sionisme, il faut que l'on adopte à l'égard des juifs dans ces pays, des procédés meilleurs, plus humains. Ils ne semblent pas vouloir se réaliser dans un avenir prochain. Où trouver l'homme doué d'une énergie assez puissante pour exciter l'esprit public jusqu'à ce qu'il exige, pour les juifs, en tous pays, les droits civiques pleins et entiers ? Où est le Beecher Stowe, sauveur des juifs opprimés ? Et pourtant les masures juives, en Russie et ailleurs, présentent des scènes non moins déchirantes que celles de la Case de l'oncle Tom.

Mais la description des malheurs des juifs sort du cadre de cet ouvrage. D'ailleurs je ne suis pas écrivain ; je suis banquier. J'ai voulu explorer moi-même la Palestine — et autrement que la plupart des voyageurs. Ni en pèlerin, ni en érudit, ni en touriste. J'y suis allé en marchand, ouvrant les yeux et les oreilles, à l'affût d'un bénéfice quelconque pour mon peuple, le peuple juif, frustré de liberté, de bonheur, d'honneur et des paisibles jouissances de la vie.

Ces biens sacrés on peut les obtenir, on peut les

acquérir dans le pays juif. Bien des chemins y mènent ; ce qu'il faut surtout, c'est la coopération, l'association des efforts de tous les hommes bien intentionnés à l'égard des israélites.

Les pages qui suivent tendent de leur mieux à favoriser une telle union, une telle coopération...

J. H. K.

La Haye, mai 1909.

Voici la terre que j'ai juré à Abraham, Isaac et Jacob, en disant : Je la donnerai à votre postérité !

Tous les ans, environ cent mille émigrants juifs traversent l'océan pour aller en Amérique, où New-York à lui tout seul compte déjà plus de 700,000 habitants juifs.

Quel martyre pour ces gens, après toutes les privations déjà subies, que ce voyage sur mer comme passagers d'entrepont. Je ne pouvais m'empêcher d'y songer souvent, en faisant la traversée de Naples à Alexandrie, sur un bateau confortablement aménagé. Mon voyage concernait la Terre sainte; pour y aller, il faut encore aujourd'hui passer par l'Egypte.

A Alexandrie, je me trouvai dès mon arrivée au milieu d'une foule bigarrée, mélange de races diverses, parmi lesquelles de superbes nègres de la Haute-Egypte, au visage d'ébène, fonctionnaient comme agents de police et maintenaient l'ordre d'une façon parfaite.

Alexandrie n'avait d'intérêt pour moi que comme entrée de l'Orient. Il est regrettable que nous autres, Occidentaux aux goûts raffinés, aboutissions toujours à des hôtels internationaux où nous ne pouvons nous soustraire complètement à notre sphère européenne. Mais tout cela changera bien au fin fond de la Palestine et de la Syrie et c'est tout de même là, le but de mon voyage.

Pont ouvert sur le Nil, près du Caire.

Les juifs d'Alexandrie et du Caire vivent comme presque partout ailleurs, agglomérés dans des quartiers séparés. Il y a là beaucoup de juifs russes et roumains ainsi que des Grecs, mais la grande majorité se compose de juifs arabes, la plupart sont pauvres mais se sentent passablement heureux sous le régime anglais.

Je fis une visite au grand-rabbin d'Alexandrie, il me dit que tous les juifs là-bas, éprouvaient de la sympathie pour le Sionisme. L'intérêt était surtout fortement excité, il y a quelques années, quand on croyait que le Dr Herzl obtiendrait du sultan, pour le peuple juif, le droit de séjour en Palestine. Le grand-rabbin, cependant n'était pas partisan de la politique du Dr Herzl, parce que selon lui, celui-ci avait eu le tort de demander des droits spéciaux pour le peuple juif, avant qu'un nombre suffisant de juifs se fût établi en Palestine. Le mieux serait qu'ils se fixassent en masse, là-bas. Le sultan est un brave homme qui aime les juifs. Et si seulement 500,000 ou un million de juifs étaient établis en Palestine, le reste suivrait. Je donne l'opinion du grand-rabbin telle que je l'ai notée après ma visite.

Qu'il est bon, avant de se rendre en Palestine, de visiter l'Egypte, ne fût-ce que pendant quelques jours. On se sent, en pensée, reporté aux temps bibliques ! J'ai entendu le murmure des roseaux du Nil qui me rappelait ce conte charmant où la fille de Pharaon, émue à la vue du bébé dans sa corbeille flottante, le sauva des eaux et où une fillette sensée, restée aux aguets, alla quérir la mère, qui put allaiter son enfant arrivé à bon port !

Il y a encore au Caire une ancienne petite synagogue précédée d'une grande cour ; on dit que Moïse y vit le jour et que sa mère vécut de dattes tout le temps qu'elle s'y tint cachée.

Vu du train, le paysage entre Alexandrie et le Caire varie peu. Des ânes et des moutons, et du bétail à grandes cornes recourbées, tel qu'on le voit sur les planches de nos vieilles bibles illustrées ; il paraît tout autre que notre bétail hollandais.

Le Sphinx, une pyramide.

Et puis, des chameaux ayant l'air si vénérable, si archaïque qu'on dirait qu'ils se souviennent du temps où les juifs étaient esclaves en Egypte et opprimés par les Pharaons.

Ces Pharaons superbes, les oppresseurs de jadis, sont à présent exposés dans des vitrines ! Comme on se sent subjugué par l'imposant spectacle de cette ruine complète qui a frappé la vieille et puissante Egypte, avec ses temples, ses pyramides, ses sphinx et ses idoles ! En ces lieux, on conçoit la défense faite aux juifs de faire des images. Ici, l'on ne voit que trop bien comment l'art était mis à contribution pour assujettir le peuple aux prêtres en lui faisant adorer comme ses dieux, des images taillées dans la pierre.

Que tout cela se perd dans la nuit des temps ! Et de nos jours nous voyons renaître une Egypte nouvelle, nous y voyons se développer une puissance moindre que celle de l'ancienne Egypte, mais avec laquelle cependant il faudra compter.

Cette puissance cette fois est celle de l'argent et il est à prévoir que bientôt l'Egypte sera pour l'Orient ce que l'Amérique a été pour l'Occident.

La grande prospérité de l'Egypte est surtout due, paraît-il, aux bonnes récoltes de coton des dernières années; précisément, la forte demande après les cotons égyptiens avait fait monter les prix du double de ce qu'on payait autrefois ; ainsi chaque nouvelle récolte rapporte au pays environ vingt millions de L. S.

Il est clair que d'une Egypte pareille il doit émaner une force marchande énorme dont la Palestine, par sa proximité, pourrait être la première à bénéficier.

Du Caire, on continue le voyage par Port-Saïd et de là en bateau jusqu'à Jaffa. Le voyage en mer n'est que de 12 à 14 heures, mais le débarquement à Jaffa n'est pas chose commode. Jaffa n'a pas de port, conséquemment les vapeurs restent en rade. De grandes barques à rames, chacune avec une équipe de dix rameurs alarguent et approchent bientôt du bateau où les passagers les attendent avec impatience.

En rade de Jaffa.

Le transbordement devient, par la forte houle, un vrai tour de force ; une fois dans la barquette on en a encore pour un bon quart d'heure à travers les brisants entre les nombreux rochers.

La mer est souvent tellement forte que les steamers ne peuvent rester près de Jaffa, ils font cours vers Beyrouth d'où les passagers doivent tâcher d'arriver à Jaffa par voie de terre. On peut aussi revenir en bateau, mais alors on court le risque de repasser devant Jaffa et de rentrer à Port-Saïd. De cette façon on peut faire la navette sans arriver à destination.

Jaffa.

Je n'eus pas cette malchance, mais en débarquant, la mer était si agitée que je ne pus me tenir debout. On me traîna malade hors de la barquette... Telle fut mon entrée dans le pays de mes pères.

Un visage affable et connu fait qu'on se sent vite à l'aise dans un milieu étranger; il en fut ainsi pour moi quand M. Levontin, le directeur de l'Anglo-Palestine Company, vint me prendre et me conduisit à mon hôtel. C'est un vrai soulagement de se trouver dans un simple petit endroit comme Jaffa, après la vie bruyante et mondaine du Caire. La ville fait bonne impression, l'air y est vif et du toit plat de l'hôtel, situé dans un magnifique jardin, je pouvais examiner les alentours, couverts d'immenses plantations d'orangers. Les arbres sont surchargés de fruits succulents, l'orange et le vert dominent tout. Tout près, on voit resplendir la mer et au loin on aperçoit les monts de

Galilée et de la Judée. De longues files de chameaux, attachés les uns aux autres, apportent au marché les marchandises des villages voisins. Un de ces animaux chargé d'ustensiles transporte le mobilier d'une famille qui déloge.

Jaffa est une ville de 50.000 âmes dont un sixième est juif; la plupart sont pauvres et parviennent à peine à gagner leur pain. L'hôpital juif ne compte que vingt lits et les moyens pour l'agrandir font défaut. Cependant, la nécessité s'en fait sentir impérieusement car la population juive a plus que doublé ces dernières années. Il y vient souvent des malades des colonies juives et surtout des immigrants qui ont importé la tuberculose, inconnue jusqu'alors en Palestine.

De Jaffa, je fis quelques excursions dans les environs. Je visitai en premier lieu l'école d'agriculture de l'Alliance israélite universelle, située tout près dans une magnifique propriété de 250 Ha. et bien administrée, d'après ce que l'on m'a dit. Déjà, de loin, on voit les grands eucalyptus, Sadjar el Jahud, (les arbres juifs) ainsi nommés par les Arabes, parce que primitivement ils ont été plantés là par les juifs. On y voit des champs et des jardins, beaux et immenses où travaillaient de jeunes garçons juifs. Quel dommage qu'on n'y forme pas aussi les jeunes filles; beaucoup de femmes en Palestine trouveraient un moyen d'existence par les préparations du laitage par exemple.

L'école agricole possède une grande cave à vins; l'on me dit que les jeunes gens qui travaillent aux champs, reçoivent journellement un gobelet de vin.

D'après moi, l'administration de cette école ne s'est pas

suffisamment rendu compte de sa tâche et elle n'a pas organisé l'école telle qu'on aurait le droit de l'attendre d'une école d'agriculture en Palestine. On y enseigne très bien le français, par contre très peu l'hébreu et l'arabe (la langue du pays). En outre, il me semble qu'au centre du pays juif, il ne convient pas de voir dans le judaïsme rien qu'une communauté religieuse. Dans ce cas on aurait mieux fait de fonder l'école quelque part en France ! Comme résultat, il en ressort qu'une grande partie des jeunes gens qui quittent l'école d'agriculture deviennent laboureurs... au Canada.

Cependant le sol de la Judée est assez fertile. Je vis beaucoup de froment dans les champs, au midi on cultive surtout l'orge ; outre cela, les produits principaux sont les olives, les oranges, les raisins et les amandes. On cultive beaucoup le raisin en plein champ en Judée. Après que le raisin est greffé, ce que je vis faire par les élèves de l'école, sa culture exige des soins continus, parce qu'on doit faire attention à ce que, par suite de l'engrais, la vigne ne pousse pas trop vigoureusement, ce qui empêcherait d'atteindre le but qu'on s'était proposé en greffant.

Il y a plusieurs colonies juives aux environs de Jaffa ; je me rendis de l'école agricole à Petach-Tikwah (la porte de l'Espérance). La route qui y mène passe par la colonie allemande Sarona et en partie le long de la petite rivière de l'Auja qui procure la force motrice à différents moulins. Les routes de la Judée, comme presque partout en Palestine, laissent beaucoup à désirer, et, de plus, les pierres qui devraient les consolider, manquent absolument dans la plaine ; les importer d'ailleurs serait trop onéreux. En route je vis plusieurs jardins d'où l'on extirpait les vignes pour les remplacer plus tard par des orangers.

Les vergers de la colonie étaient admirablement bien entretenus. Cette année là, la récolte était exceptionnellement surabondante, il y avait même des arbres qui avaient rapporté six caisses de 150 oranges chacune.

Il y avait aussi des champs d'amandiers en pleine floraison, de grands champs de panaches blancs. Les vignes étaient encore complètement nues en février. Les colons juifs ont acquis une grande expérience dans la culture des vignes ; quant à la greffe, ils y sont passés maîtres. J'ai appris que les colonies allemandes font souvent greffer leurs vignes par des colons juifs expérimentés et ce contre bonne rémunération. Par contre, ces derniers pourraient de leur côté, prendre comme exemple les établissements allemands, qui, par les jardinets qui précèdent les maisons et par le bon entretien des routes, ont un aspect beaucoup plus riant que la plupart des colonies juives.

Le retour se fit l'après-midi. Nous vîmes dans la pénombre les feux des tentes bédouines et, par ci, par là, des silhouettes de chameaux. Nous atteignîmes Jaffa le soir, d'où nous visiterions le lendemain la colonie de Rishon-le-Zion (le premier en Sion). Cette colonie fut fondée par des Sionistes de la Russie méridionale après les grandes persécutions juives de 1882.

En cette même expédition nous visiterions, outre Rishon, plusieurs autres colonies juives de la Judée ; pour ce faire, nous devions nous procurer des chevaux et un véhicule chez un cocher arabe. Cela se fit avec force accompagnement de marchandage et, quoique passablement au courant du négoce, je fus cependant obligé d'avoir recours à une aide locale. Quand on s'informe du prix, l'usage est de répondre : « Autant que vous voulez bien me donner. » Alors suit la réplique obligée : « Je vous donnerai autant que vous désirez. » De part et d'autre, on ne songe nullement à se prendre au mot. Ce ne sont que les préliminaires, après quoi seulement les négociations propres commencent pour de bon. Ce ne fut pas bien long dans notre cas et la perspective d'un bakshish (pourboire) scella l'affaire.

Nous repassâmes le long de champs où l'orge était très-belle et le long de jardins maraîchers entourés de haies de cactus qui avaient souvent 2 à 3 mètres de haut. Le cactus forme une clôture qui ne coûte rien. Quand on pique une feuille de cactus en terre, elle prend racine rapidement et son développement n'exige aucun soin. Elle pousse vite et forme par ses piquants un mur presque impénétrable. En été, ce cactus donne une espèce de figues particulièrement estimées par les Arabes et avec lesquelles ils se nourrissent presque exclusivement pendant plusieurs mois.

Plus loin, nous passâmes auprès d'une fontaine plusieurs fois séculaire, dont l'eau est toujours bonne et nous atteignîmes enfin Lydda et Ramleh, des petits endroits, avec des plantations étendues d'oliviers. On dit que le sol y est aussi très propre à l'horticulture. La situation près de la voie ferrée entre Jaffa et Jérusalem, serait la garantie d'un bon débouché pour les produits.

Un peu plus loin, dans une grande plaine, se tenait un marché. Les marchands sont aussi adroits à prôner leurs marchandises

Marché près de Ramleh.

que leurs confrères européens. L'on y voit des chameaux splendidement harnachés, des ânes et des mulets et les costumes bariolés des hommes rehaussent encore la richesse de coloris de l'ensemble.

Nous arrivons à Kiriath Sefer (la ville école) un grand établissement encore incomplètement terminé, situé au haut d'une colline et fondé par des Sionistes pour y élever les

Orphelins de Kiriath-Sefer.

orphelins juifs, dont les parents ont péri dans les massacres juifs en Russie, et leur enseigner l'agriculture et l'horticulture. L'école ne dispose pas de fonds suffisants et il manque, sur les lieux, le comité nécessaire à la surveillance d'une pareille institution.

Tout près de l'école se trouve une fabrique construite par un ingénieur juif, où les olives déjà pressées une première fois et qui d'abord servaient de fourrage, sont pressées une seconde fois. L'huile que l'on obtient ainsi est employée pour la fabrication du savon et le résidu des pelures d'olives peut encore servir de combustible.

Nous passons ensuite devant des champs réputés peu fertiles, mais je vis une parcelle où l'on versait du sable pris ailleurs, parce que la terre était trop forte pour ce que l'on voulait y cultiver.

Nous arrivâmes à Rishon dans l'après-midi : C'est véritablement l'une des plus belles colonies juives, installée avec un luxe réel. Le vin est le produit principal de cette colonie. Les caves immenses ont été installées aux frais du baron Edmond de Rothschild, avec tous les perfectionnements modernes. Ces dernières années on a aussi planté beaucoup d'orangers et d'amandiers dans cette colonie.

De Rishon, nous nous dirigeâmes vers la colonie de Wadi Chanin, où quelques colons s'occupent d'apiculture. Quoique la Palestine ne soit plus de nos jours un pays regorgeant de lait, ce qui par conséquent rend le bon beurre fort rare, le miel a conservé son ancienne réputation. On en sert à discrétion au déjeuner. La civilisation n'ayant pas encore pénétré jusque là, la falsification n'est pas à craindre.

A peu de distance, on a d'abord la colonie de Katra qui cultive principalement le raisin et qui distille un très bon cognac ; ensuite, la colonie d'Ekron qui surtout laboure et plante des arbres fruitiers. Toutes ces colonies sont situées les unes auprès des autres et l'on peut quasiment parler d'un pays juif congloméré.

La dernière des colonies que je visitai en Judée, fut Rechoboth, une colonie qui a pu, dès sa fondation, se maintenir sans secours. Il y a là de belles plantations d'oliviers. D'ordinaire on les plante avec un intervalle de dix mètres. Les premières années, aussi longtemps que les arbres sont jeunes, on cultive d'autres plantes dans l'espace libre. J'ai vu que le sol de la Judée est en général assez fertile, du moment qu'on soigne pour une irrigation suffisante. C'est faisable presque partout, tant en creusant des puits, qu'en établissant des réservoirs. Les pluies sont très abondantes en hiver ; j'ai eu l'occasion d'en faire l'expérience à mon détriment.

De Rechoboth je repris le chemin de Jaffa, pour m'y mettre au courant des affaires de l'Anglo-Palestine Company, avant mon départ pour Jérusalem.

L'Anglo-Palestine Company, dit l'A. P. C. par abréviation, est une maison de banque fondée en 1903 en collaboration avec le « Jewish Colonial Trust » et dont la gestion repose sur une base commerciale. Son but est de procurer, judicieusement, du crédit aux cultivateurs, industriels et commerçants juifs, afin d'augmenter l'influence et les intérêts des juifs en Palestine. Le bureau central est à Jaffa, ses succursales à Jérusalem, à Beyrouth et à Hébron. La banque, sous la direction sûre de M. Levontin, a déjà pendant la courte durée de son existence, beaucoup contribué à accroître la considération dont la population juive jouit en Palestine. On a adapté autant que possible, les principes occidentaux de banque et de crédit, aux conditions orientales; ainsi, entr'autres, on a établi dans plusieurs colonies juives des Caisses d'Epargne et d'Emprunt, où les colons peuvent, à l'époque des moissons, prélever des avances de fonds à un taux modéré, tandis qu'autrefois ils devaient s'adresser à des usuriers arabes à qui souvent ils devaient payer 30 °/₀ et plus, d'intérêt.

J'ai pu me convaincre que l'A. P. C. ne jouit pas seulement de la confiance de la population juive ; cette confiance est généralement partagée par les musulmans et les chrétiens. J'ai quitté Jaffa emportant avec moi l'agréable certitude que cette Institution, créée par des fonds sionistes, fait en Palestine de la besogne pratique par excellence.

Et maintenant, en route pour Jérusalem.

Le chemin de fer de Jaffa à Jérusalem a été construit comme chemin de fer vicinal. Le train met environ 3 1/2 heures pour une distance de 87 kilomètres. Il y a néanmoins une route plus directe pour les chevaux et les véhicules, et dans ce pays, où tout rappelle les temps passés, la diligence soutient encore une concurrence heureuse contre les trains.

Après le départ de Jaffa on côtoie longtemps des champs qui paraissent assez bien entretenus ; puis, on passe Lydda et Ramleh, au centre de bois d'oliviers et de jardins maraîchers ; on se rapproche des montagnes où les terres sont déjà moins cultivées. Le train s'arrête à la station Deir-Aban près de l'ancien Zoréah. C'est le lieu des exploits de Samson. Pour leurs guerres contre les Philistins qui logeaient dans la plaine, nos ancêtres avaient une position très privilégiée, car après avoir commis beaucoup de ravages, ils pouvaient facilement se retirer dans leurs abris des montagnes de la Judée.

A présent, le pays devient sauvage, on voit des roches énormes et des cavernes dont l'étendue donne lieu à des contes fantastiques. Presque tout le long de la route jusqu'à Jérusalem, les versants des montagnes forment des terrasses ; on y retrouve distinctement les traces d'anciennes cultures. La terre a été, en partie, emportée par les pluies, mais on pourrait facilement y replanter des vignes ; elles ont probablement couvert ces côtes jadis. Actuellement, presque rien n'y pousse, mais en nous rapprochant de Jérusalem, nous revoyons des oliviers et, çà et là, des jardins maraîchers. Nous entrons en gare ; de la ville même, on n'aperçoit que les maisons riantes de la colonie allemande.

Le chemin qui conduit à l'hôtel de Jérusalem, s'arrête hors des murs, cependant je pouvais admirer déjà la situation magnifique de Jérusalem, la ville sur les collines, une vue suffisante en elle-même pour ravir le spectateur.

C'était un vendredi après-midi et le coucher du soleil sonnait l'heure du sabbat. Je me dépêchai d'arriver à la muraille des lamentations, les restes de l'ancien mur du Temple, où les juifs

Mur de la place du Temple et la Porte d'or.

disent journellement leurs prières. Le vendredi soir surtout, beaucoup s'y réunissent en habits de fête à cause du sabbat. On éprouve une rare sensation en voyant ces centaines de juifs, parmi lesquels des femmes et des enfants, prier avec force gesticulations. Il me semble qu'il n'est pas question d'une représentation extraordinaire pour les étrangers, mais je ne peux pas croire non plus que ceux qui se rendent là, se lamentent uniquement à cause de la destruction du Temple. Il me paraît plus probable qu'ils pleurent leur propre malheur. Ils prient de cœur et d'âme dans un milieu sans pareil, semblant guetter le miracle qui rendra toute sa gloire à Jérusalem.

J'ai vu une grande partie de l'ancienne Jérusalem, assis sur un âne, passant par la porte de Sion, le long des vieux murs, traversant les vallées de Hinnom et de Kidron là où cette dernière rejoint la vallée de Josaphat. Voici la source de Job, d'où l'eau est apportée à Jérusalem dans des outres en peau de chèvre ; plus loin, on découvre les tombes d'Absalon et de Zacharie et le jardin de Gethsémani. Les murs de l'ancienne cour du Temple se dressent sur les hauteurs, là où se trouve aujourd'hui la mosquée d'Omar et nous voyons la Porte d'or, dorée jadis peut-être en partie, mais à présent complètement murée. C'est une croyance populaire qu'une fois cette porte s'ouvrira à grand fracas et que, par elle, le Messie fera son entrée à Jérusalem.

A la porte de Damas, je pris congé de mon guide et de mon âne si fort et si beau, digne représentant de la race asine syrienne et qui conformément à sa dignité, était harnaché avec une somptuosité orientale.

Jérusalem réserve, pour celui qui se reporte aux temps passés, beaucoup de désillusions. Sur la grande place, là où un jour s'élevait le Temple, se trouvent maintenant les lieux saints mahométans, la mosquée d'Aksa et la mosquée d'Omar. Le roc où Abraham voulut immoler son fils Isaac est à l'intérieur et sous la place du temple sont les grands souterrains nommés les écuries de Salomon. Jérusalem propre ainsi que ses environs contiennent tous les lieux qui consacrent Jérusalem comme ville sainte, et si je n'entre pas dans des détails à propos des lieux d'ici et d'autre part en Palestine, ce n'est pas par manque d'intérêt. Car pour tout juif, la Palestine biblique est un bien national. Mais cette Palestine biblique a déjà fourni tant de récits

Sépulture des Rois.

à de plus autorisés que moi, que je n'ose m'aventurer sur ce terrain.

Je suis néanmoins forcé de faire la remarque que la sainteté de Jérusalem amène aussi sa décadence. Les lieux saints sont exploités comme des sources de revenus, l'amour pour la Terre sainte est devenu un article de spéculation ; on y fait le commerce de reliques et d'objets à l'usage du culte. Le clergé mêle souvent la religion au commerce et à la politique. L'opinion de Herzl disant que si l'on voulait reconstruire Jérusalem, il fallait commencer par la brûler complètement, me devint intelligible sur les lieux.

On aperçoit le mieux les alentours de Jérusalem du mont des Oliviers, dont les côtes autrefois couvertes de bois d'oliviers sont, à présent, presque complètement nues. D'une part, on voit la ville avec son entourage de vallées et de montagnes, de l'autre, la mer Morte ayant comme fond les monts de Moab. Nous apercevons aussi la route de Jéricho et la vallée, éternellement verte, du Jourdain. Tout cela paraît être dans une proximité immédiate et cependant les monts du Moab sont à une journée de Jérusalem. Il y a sur le mont des Oliviers, outre de multiples églises et couvents, une chapelle qui contient le tombeau d'une princesse française. Mais dans un milieu aussi grandiose, couvents, églises, mosquées et tombeaux, tout disparaît dans le néant.

Mon voyage se poursuit de Jérusalem à Jéricho, nous passons Béthanie dont parle le Nouveau Testament, et nous nous reposons pendant quelques heures dans un Kan arabe (relai). On croit que c'est là l'endroit, où, d'après la parabole, le bon Samaritain secourut le malheureux pillé par des brigands.

Nous traversons un sauvage pays de montagnes et dévalons par une pente magnifique vers Jéricho situé dans une vallée très fertile à végétation subtropicale qui se trouve à près de 300 mètres au-dessous du niveau de la mer. L'ancien Jéricho a dû être bien plus étendu que le Jéricho actuel; récemment, on y a fait des fouilles couronnées de succès, on a découvert des objets dont quelques-uns remontent aux temps pré-judaïques.

Le lendemain matin nous fîmes route vers la mer Morte, particulièrement agitée par suite du mauvais temps. La plage était couverte d'une multitude de petits galets parmi lesquels il y avait beaucoup d'asphalte. Un petit bateau était amarré, qui avait déchargé du froment de El Kerak (Moab); les grains étaient beaux et gros.

Le voisinage de la mer Morte ne me fit pas l'impression d'un lieu de désolation, abandonné de Dieu et des hommes, tel qu'on se plaît quelquefois à le décrire. Le sable mêlé de sel forme une masse dure, on chevauche entre des collines hautes de 20 à 30 mètres et qui affectent les formes les plus bizarres. Le pays paraît être le lit d'une ancienne mer. Nous rencontrons beaucoup de troupeaux et passons des jardins à végétation luxuriante, ce qui prouve derechef que le sol est fertile, là où l'on soigne pour une quantité d'eau suffisante. Maint voyageur qui ne voit de la Palestine que Jérusalem et ses environs, raconte chez lui que la Palestine est un pays aride et stérile. Il y a une part de vérité, relativement au coin de pays qu'il a vu et cependant là aussi, l'irrigation amenderait beaucoup.

Nous arrivons au Jourdain, mais les pluies avaient trempé la terre et nous pouvions difficilement approcher des rives; çà et là nous risquâmes d'être engloutis par le marais. La rivière n'est pas large mais les courants sont assez forts et l'eau coule rapidement vers la mer Morte dont le niveau est à plus de 430 mètres au-dessous de celui de la Méditerranée.

Nous campons près du pont. Nous sommes quatre et nous avons deux tentes pour la nuit. En outre, une tente où nous prenons nos repas et une autre qui sert de cuisine. Nos domestiques et nos sentinelles ainsi que nos bêtes campent autour de nous en plein air ; tout ensemble, notre société compte 10 personnes et 12 bêtes. Les chevaux surtout sont bien soignés. On tend deux cordes parallèles au ras du sol. Deux bouts de la première sont attachés au licou du cheval, et la seconde corde est nouée à l'un des sabots de derrière des animaux, de façon à ce qu'ils puissent se mouvoir facilement, sans cependant pouvoir s'éloigner. On s'embarrasse beaucoup moins des mulets.

Notre guide au pays de Moab.

Le pavillon hollandais flotte sur ma tente, grâce au Consul

Benzinger dont le bureau de voyages a organisé cette excursion. On allume les feux et, dans l'ombre du soir, il me semble vivre un conte des Mille et une nuits. Mes compagnons de voyage comprennent l'arabe, ils me rapportent que les domestiques me plaignent : « Pauvre diable, il ne comprend pas l'arabe. » Il arrive quelquefois, que moins courtoisement on compare le pauvre diable à un âne, tant ils trouvent naturel que tout le monde sache leur langue. C'est justement la Purim, la fête d'Esther et de Mardochée. La soirée se passe à raconter des histoires et nous faisons de grandes incursions dans le domaine de l'histoire biblique. Peut-être sommes nous tout près de l'endroit où Jacob revit son frère Esaü venant à sa rencontre avec quatre cents hommes. A peu de distance se trouve un camp arabe ; je me figure que nos ancêtres ont dû ressembler à ces Arabes aux beaux visages sémitiques. Parmi les femmes, il y a de vraies beautés qu'on parvient mieux à distinguer aux champs qu'à la ville. Quel maintien digne et fier ! Quoiqu'on dise qu'ici, en Orient, les hommes ne les considèrent pas comme leurs pareils, elles-mêmes n'ont pas l'air de s'en douter.

Le lendemain, nous plions bagage et nous chevauchons une demi-journée à peu près à travers la large vallée du Jourdain, la plaine qui fut la scène des faits d'armes de David contre les Moabites et les autres peuples voisins. Là, où l'on trouve de l'eau, le terrain est cultivé. Il y aurait de quoi transformer cette vallée si étendue ; à présent, tous les jours que Dieu donne, la grande masse d'eau du Jourdain coule improductive et se perd dans la mer Morte. Après avoir quitté la plaine, nous traversons les montagnes du côté Est qui abondent en cailloux multicolores, richement variés, dont j'aurais eu grande envie d'emporter quelques exemplaires, si leur poids ne m'en avait retenu.

Nous arrivons à une source d'eau claire et fraîche nommée la source de Moïse et nous faisons l'ascension du mont Nébo, d'où nous revoyons la mer Morte, pareille maintenant, à un grand lac bleu. Nous apercevons complètement toute la vallé du Jourdain et tout le pays à l'ouest jusqu'aux monts de Galilée et du Liban. L'air est si pur et si léger qu'on distingue tout parfaitement bien malgré la grande distance. C'est aussi du mont Nébo que Moïse put apercevoir la Terre promise, sans pouvoir jamais y pénétrer lui-même. Quel sort tragique que le sien et que de grandeur encore dans sa mort! N'est-ce pas comme s'il a prévu, que, dans les siècles à venir, les lieux saints feraient couler le sang? Que de luttes à propos de son sépulcre! Mais... « nul jusqu'à ce jour n'a connu sa sépulture ».

Du mont Nébo nous traversâmes la plaine de Moab pour nous rendre à Madéba, où nous arrivâmes vers le soir pour y dresser de nouveau nos tentes. Cette fois-ci nous fûmes moins heureux que la veille, une violente tempête s'éleva la nuit et la pluie tomba à torrents. Dans nos lits, il nous semblait être à bord d'un navire. La toile des tentes battait et l'eau ruisselait de toutes parts à l'intérieur. Même, les précautions prises par mon domestique Anton van den Assem, qui avait fixé aussi bien que possible les cordes de la tente où nous dormions, furent de courte durée. Rien ne pouvait tenir tête à une tourmente pareille.

L'une après l'autre, les tentes furent renversées. Anton flottait dans son lit ; plus heureux que lui, je pus m'habiller à sec, mais malgré toute cette misère, nous étions tout fiers de ce que le drapeau hollandais avait tenu bon le dernier. La tempête, la pluie tinrent bon de leur côté ; la terre complètement trempée ne retenait plus les chevilles qui fixaient les cordes et qui finirent par céder. Tant bien que mal, on mit les bêtes à l'abri autre part et nous mêmes dûmes nous réfugier au milieu de la nuit, dans la demeure d'un vieux scheik, qui nous accueillit hospitalièrement. Le logis se composait principalement d'un grand appartement, contre les murs duquel étaient fixés des bancs garnis de coussins. C'en était fait de notre repos, on alluma un feu de charbon de bois, autour duquel nous pûmes nous sécher et l'on nous régala de thé.

Il était hors de question de continuer notre voyage le lendemain et nous ne pouvions pas non plus rester dans l'habitation où nous nous trouvions. Il était évident que notre scheik avait une nombreuse famille qui nous avait cédé ses places pour cette nuit.

Nous trouvâmes un abri pour le lendemain et la nuit suivante dans un couvent catholique où un aimable abbé rendit notre séjour forcé aussi agréable que possible.

Nous aurions voulu poursuivre notre voyage vers El Kerak, mais notre équipement ne séchait pas par ce mauvais temps continu et, conséquemment, nous résolûmes de retourner le lendemain à Jéricho. Je le regrettai fort, car j'aurais volontiers vu davantage du pays de Moab, qui paraît être très fertile et qui produit du froment et de l'orge superbes. Madéba même ne présente rien de bien remarquable, hors quelques anciennes mosaïques dont l'une figure la carte de la Palestine. Les habitants sont, pour la plupart, des chrétiens rite grec.

Nous quittâmes Madéba le matin par un temps passable; le mois de mars en Palestine tient beaucoup du mois d'avril de Hollande et bientôt nous nous retrouvâmes au milieu de la pluie, de la grêle et de l'orage. Toute la journée, nous eûmes alternativement de la pluie et du soleil. Nous traversâmes d'abord les montagnes où nous vîmes de temps à autre les restes de vieux temples, puis nous redescendîmes dans la plaine où des fleurs et des oiseaux animaient le paysage. Il y avait aussi des cigognes; c'est surtout en Syrie que je rencontrai souvent des masses de ces oiseaux. Les routes boueuses et glissantes étaient fréquemment impraticables et nos chevaux n'avançaient qu'au pas. A la tombée du jour nous arrivâmes à Jéricho et le lendemain nous retournâmes à Jérusalem, où il avait aussi fait exceptionnellement mauvais les derniers jours. Il y avait même neigé, phénomène excessivement rare là-bas. Le froid avait été si intense, que deux femmes russes, qui pèlerinaient vers Jéricho, avaient péri de misère en route. Les malheureux pèlerins sont souvent par les chemins, pendant des jours entiers, sans abri et sans nourriture convenables.

De Jérusalem je visitai Bethléhem. En y allant, nous passâmes près d'un monument peu remarquable ayant la forme d'un petit temple et qui se trouve au milieu d'un cimetière arabe: c'est la tombe de Rachel. Bethléhem compte au-delà de huit mille habitants, presque tous chrétiens. On prétend même que ces chrétiens descendent des Croisés. Et il est certain que leur type

Place à Bethléhem.

diffère du type ordinaire en Palestine. Les femmes sont très belles et leur costume aux teintes vives mérite une description plus détaillée. Elles portent, au-dessus de la chemise en toile rayée de bleu foncé et de rouge, un boléro de laine garni de galons richement brodés. Elles se couvrent la tête d'une espèce de cône orné, selon les moyens de celle qui le porte, de monnaies d'or ou d'argent, et retenu par une chaîne d'argent qui entoure le visage. En outre, elles ont, comme toutes les femmes de l'Orient, un châle qui couvre la tête et les épaules. Ces châles surtout présentent une grande variété et on en voit de très précieux. Les bijoux des femmes ne peuvent être saisis. Ce qui fait que parfois le mari est criblé de dettes, tandis que la femme porte beaucoup de monnaies d'or à sa chaîne.

Les environs de Bethléhem sont très fertiles, le sol est bien cultivé et planté surtout d'oliviers. Les étangs de Salomon sont tout près de Bethléhem. Il y a là comme un petit établissement, où plusieurs sources opulentes se réunissent. Une partie de ces eaux est conduite à Jérusalem d'une façon très primitive. Il y a auprès de ces sources quatre ou cinq réservoirs gigantesques, en ruines pour la plupart, dont on raconte qu'ils ont été construits sous le règne de Salomon. Salomon avait sans doute ici ses résidences d'été et ses mille femmes y trouvaient amplement l'occasion de se baigner. Hérode aussi y a eu ses palais et ses jardins arrosés par l'eau des sources. Il y a encore une ruine du temps des Croisés, qui, eux aussi, savaient choisir les bons endroits. La plus grande partie de l'eau s'écoule, inemployée, par des canaux souterrains. On pourrait, avec relativement peu de peine, fertiliser toute la vallée qui s'étend d'ici à la mer Morte. C'est un terrain tout désigné pour les cultures maraîchères et fruitières.

Le chemin, avec, çà et là, d'anciennes sépultures dans le roc, court par la montagne, jusqu'à Hébron, dans un pays bien pourvu

La Mosquée qui recouvre les tombes des Patriarches.

d'eau et particulièrement fertile. Hébron est une vraie petite ville orientale, située en dehors des sentiers battus par les touristes.

Voici la caverne de Machpéla, qu'Abraham acheta d'Efron l'Hétite, comme tombeau pour Sara, sa femme. Abraham, Isaac et Jacob y sont également ensevelis. Une mosquée entourée d'une haute muraille, couvre la place. Les mahométans seuls y sont admis, mais pour eux aussi les tombeaux des patriarches sont sacrés et personne n'oserait risquer d'y descendre.

Un millier de juifs environ habitent Hébron, la plupart négociants ou viticulteurs. On y exporte surtout du grain, de la laine et des raisins secs. Hébron possède comme particularités, de nombreuses fabriques de verroteries, où l'on fait principalement

Ruelle à Hébron.

les bagues de couleurs, les bracelets et les anneaux pour les chevilles, servant d'ornements aux femmes.

Les autorités turques, que je visitai une fois par hasard, étaient toujours fort prévenantes. Les Orientaux attachent bien plus d'importance que nous à leur façon de saluer. Au lieu de l'insignifiant coup de chapeau, ils ont l'habitude de porter, d'un geste gracieux, la main à la poitrine, à la bouche et au front, ce qui veut dire : « Mon cœur, mes paroles, mes pensées sont à vous. » Mais il en est de même, ici comme chez nous, des formes polies, ce ne sont en somme que des dehors qui n'engagent à rien.

Gaza est située près de la mer, à l'ouest d'Hébron, non loin de la frontière égyptienne. Son climat est salubre, l'intérieur du pays est très productif et l'on en exporte beaucoup de blé, principalement en Angleterre.

Rentrés d'Hébron à Jérusalem, nous reprîmes le lendemain matin notre voyage, nous dirigeant du côté nord vers Naplouse, l'ancien Sichem. Nous chevauchâmes de nouveau le long du mont des Oliviers et passâmes encore une fois près d'une quantité de vieilles sépultures taillées dans le roc, puis plus loin par des vallées fertiles, longeant de grandes étendues de forêts d'oliviers.

Naplouse se trouve dans une contrée féconde, qui produit du froment splendide : on y cultive beaucoup de fruits, principalement des abricots. On y exporte, outre du froment, de l'huile d'olives et du savon. Aux environs de Naplouse nous trouvons le puits de Jacob, creusé par Jacob pour ses bestiaux. Le patriarche Jacob fut malin en choisissant pour demeure ce petit coin fertile et bien abrité.

Il y a encore à Naplouse une centaine de juifs appartenant à la secte des Samaritains. Ils m'impressionnèrent douloureusement, me rappelant d'autres tribus en train de disparaître. Ils se marient entre eux et il est probable qu'ils s'éteindront totalement sous peu.

Naplouse est une ville très prospère, abondamment pourvue d'eau, dont on entend le murmure partout sous le pavé. Les grandes maisons paraissent bien entretenues. On n'est pas aussi exclusif ici qu'à Hébron. Les étrangers sont, du moins, admis dans la mosquée qui contient les tombes des fils de Jacob. On montre tout près de Naplouse, l'endroit où l'on suppose que Joseph fut vendu par ses frères.

Les nombreuses sources qui jaillissent près de Naplouse forment un fleuve qui, sur tout son parcours, fait tourner de nombreux moulins. Je continuai mon voyage le long de l'eau, de jardins fruitiers et de bois d'oliviers vers Samarie, l'ancienne capitale de la Palestine centrale, aujourd'hui un bourg peu important parmi des ruines qui témoignent d'une grandeur déchue. Que de ravages! Partout l'on voit des colonnes énormes écroulées par dizaines, quelques-unes sortant obliquement de terre, d'autres tenant encore debout. Le tout pêle-mêle. Une telle dévastation ne peut être que la suite d'un tremblement de terre. C'est ici également que se trouvait le temple d'Hérode. Je passais dessus, peut-être. Il y a de quoi justifier la conjecture que le sol récèle encore bien des trésors.

Le tombeau de Saint Jean Baptiste se trouve près de Samarie, dans un couvent datant du moyen-âge, devenu mosquée depuis lors et où je vis de jeunes mahométans se perfectionner dans l'alphabet arabe.

De Samarie, nous poussâmes vers Jenîn. Nous fîmes presque toute la route à cheval. Nous nous reposions pendant quelques heures au milieu de la journée et notre provision de pains plats arabes avec des olives et d'autres friandises, nous goûtaient mieux que les dîners fins de l'hôtel Shepheard au Caire. On peut, quant à la forme, le mieux comparer ces pains arabes à des oreilles d'éléphant. Ils sont mous et coriaces; on les mange le mieux en les déchirant en morceaux que l'on roule et que l'on trempe dans de l'huile d'olives.

Nous devions toujours choisir, par rapport aux chevaux, un endroit où il y eût de l'eau et la meilleure halte nous était toujours procurée par les fontaines auprès des villages. Là, les femmes et les jeunes filles, la cruche sur la tête, venaient puiser de l'eau, telle Rebecca pour le serviteur d'Abraham. Dans toute la Palestine, je ne vis rien de plus pittoresque. Une fois, je vis une fiancée, reconnaissable à ses nombreux bijoux. C'était presque un sacrilège que de la photographier ; aussi, fit-elle un bond de côté quand elle s'en aperçut.

Mon imperméable me vint à point sur la route de Jenîn. La saison des pluies avait commencé tard cette année et nous en eûmes largement notre part. Çà et là, le pays était transformé en un lac, où nos chevaux s'enfonçaient souvent jusqu'au poitrail.

Si cette eau était amenée à des réservoirs, le sol pourrait être cultivé, ce qui est, naturellement, impossible aujourd'hui. A présent, eau et terre se perdent et les bourbiers et les marais répandent des fièvres malignes dans le voisinage.

Nous passons la nuit à Jenîn, petit endroit peu important, et nous nous remettons en route, le lendemain de bonne heure, parce que nous voulons arriver avant l'heure du sabbat à la colonie juive Sichron-Jacob. Nous passons d'abord par la plaine de Jezraël, nommée aussi la plaine d'Esdralon, une des parties les plus fertiles de la Palestine. La bonne odeur des fèves de marais en fleurs me rappelle le petit potager de chez nous. J'ai vu beaucoup de ces fèves ici ; c'est un important article d'exportation pour l'Egypte.

La plaine de Jezraël appartient presque tout entière à deux Arabes chrétiens de Beyrouth. Dans le temps, ces Arabes ont donné des avances à de gros intérêts aux derniers propriétaires, de simples Fellahs, et ceux-ci, dans l'impossibilité de

Ruine du temps des Croisés.

rendre ces avances, furent obligés de vendre la terre à bas prix à leurs bailleurs de fonds. La plaine de Jezraël est marécageuse par parties, ce qui la rend insalubre à habiter, mais l'excédent d'eau pourrait facilement être réparti entre les petites rivières avoisinantes.

Nous nous dirigeons maintenant vers l'Ouest et arrivons à la montagne où, de nouveau, les routes sont très mauvaises; on ne peut distinguer le ruisseau de la route, et les chevaux ont de la boue jusqu'aux jarrets. Il y a plusieurs sources, dont l'eau n'est pas complètement froide. Elle jaillit sans doute d'une grande profondeur. La population est clairsemée dans le pays, comme partout d'ailleurs en Palestine ; les gens que l'on rencontre sont des Bédouins pour la plupart. Dans le lointain, on distingue à peine les hommes d'avec les femmes. Si l'on croit voir arriver quelqu'un en jupes, on peut être sûr d'avoir affaire à un homme ; en revanche, quand quelqu'un s'approche en culottes, c'est une femme. Ce ne sont pas précisément des jupes que portent les hommes, mais leurs chemises et leurs manteaux flottants en ont l'air dans le lointain. Par contre, les femmes portent, en effet, de larges pantalons attachés aux chevilles. C'est un beau costume qui n'a rien d'inconvenant. Et il est commode pour les lourds travaux effectués souvent par les femmes, casseuses de pierres et même bûcheronnes. Je les vis au sommet des arbres, maniant la cognée avec adresse. La plupart de ces femmes sont jolies et c'est bien dommage qu'elles se tatouent la bouche et les yeux.

Nous arrivons à la colonie juive Chédéra, au sol singulièrement fertile, mais qui est entourée de marais. Ceux qui peuvent quelque peu se le permettre, vont ailleurs, l'été. Des familles entières ont été exterminées par les fièvres. L'état sanitaire s'est déjà amélioré, mais est encore loin d'être bon. On ne peut pas remédier à tout par des eucalyptus, et un drainage convenable se commande. La colonie est magnifiquement installée ; le sol offre, sur une étendue relativement petite, une grande variété de cultures et il fournit des produits divers de très bonne qualité.

Je ne voulus point loger là, à cause des marais avoisinants, je préférai tâcher d'atteindre Sichron-Jacob. Je fis la route avec un bon guide, en partie dans les ténèbres les plus complètes. Je suivais au pas la seule chose visible pour moi, à savoir le derrière du pommelé monté par mon compagnon. Nous dûmes passer à gué la rivière des crocodiles, heureusement sans rencontrer de ces reptiles. Il paraît qu'ils ne se montrent plus ici. Jusqu'à présent, je n'avais pas encore aperçu grand'chose de la faune aborigène de la Palestine. J'avais bien entendu plusieurs fois, la nuit, les hurlements des chacals, mais ils ne s'étaient jamais approchés. Même alors, nous entendions de temps à autre les cris de ces bêtes qui n'attaquent jamais les gens ; le soir, nous atteignîmes Sichron-Jacob, une des colonies juives les plus peuplées.

Sichron-Jacob produit principalement du vin, ces dernières années la population s'adonne aussi à l'agriculture.

Sichron est bien situé sur une colline à proximité de la mer, l'on y jouit d'une vue admirable sur le pays d'alentour. Le sol est très productif et l'état sanitaire généralement bon.

De Sichron, je continuai le voyage vers Haïfa, par un pays beau et fertile. Je vis du trèfle sauvage en abondance ; çà et là on eût dit que les champs en étaient semés. Le caroubier se voit beaucoup aussi, il produit un aliment précieux pour les bestiaux. Le sol est surtout calcaire et pour ainsi dire parsemé de petits cailloux. Ceci paraît loin d'être un désavantage, les pierres s'effritent et leurs phosphates favorisent la végétation. Je ne vois presque rien que des oliviers sur une grande partie de la route; c'est ici le vrai pays des olives ; les fruits sont très petits, pas du tout aqueux et donnent une huile particulièrement fine et pure, d'après ce que j'ai ouï dire la meilleure de toute la Syrie.

Nous touchons Athlit, une forteresse délabrée du moyen-âge, sise sur la côte ; il y réside encore une petite garnison turque. Il ne reste presque plus rien des anciens môles et le port même est ensablé. Les murs de la forteresse qui s'étendent jusqu'en mer valent la peine d'être vus. C'est un problème irrésolu jusqu'à ce jour de savoir comment, dans les temps anciens, on a pu entasser ces énormes blocs de rocher ; on connaît tout aussi peu la composition du ciment devenu si dur, qu'il maintient encore des roches suspendues.

D'Athlit, nous chevauchons plus loin le long de la côte et nous voyons droit devant nous le mont du Carmel et, en mer, de petits bateaux à voiles. Bien des choses sont exportées, en Palestine, dont il n'est pas fait mention dans les rapports consulaires, comme par exemple la paille et le charbon de bois. Ces marchandises sont transportées directement du rivage sur de petits bateaux à voiles, pour être expédiées aux îles grecques et ailleurs. Des racines d'arbres, dont il existe une réserve inépuisable, procurent le charbon de bois. C'est bien la preuve que la Palestine devait être fort boisée autrefois. On exporte aussi, en grande quantité, un autre article important : du fumier de chèvre. Ainsi, le pays cède ce dont il aurait le plus grand besoin lui-même.

Arrivés au pied du Carmel, nous le gravissons en tenant les chevaux en laisse. Les montagnes ne sont pas élevées ici et, arrivés au sommet, nous avons le temps de souffler. Notre peine est amplement récompensée par le beau panorama qui se déroule devant nous. A nos pieds, la belle mer bleue, tout autour les monts de Galilée ; dans une échappée, la féconde plaine d'Acre. Et, au centre de toute cette splendeur, la ville d'Haïfa où la colonie allemande occupe la meilleure position. On peut le mieux comparer ce pays à la Rivière française. Le Carmel lui-même est couvert de végétation ; le sol est très fertile et près d'Haïfa, tout, jusqu'au moindre petit coin, est cultivé. La colonie allemande s'est établie ici, il y a quelque 35 ans et était alors soutenue par l'ordre des Templiers. Plus tard, quand Rothschild prêta la main à la colonisation juive, les colons allemands, parmi lesquels il y avait d'habiles artisans, gagnèrent beaucoup d'argent par les fournitures faites à la colonie juive Sichron-Jacob, une colonie qui a coûté une fortune à Rothschild.

Les Allemands habitent des maisons construites d'après le système européen, toutes précédées de jardinets ; on se croirait transporté dans une petite ville de l'Allemagne du sud. Les habitants ont presque tous fait fortune, c'est-à-dire ils sont propriétaires de vignobles au Carmel. On peut dire avec raison que la colonie allemande d'Haïfa doit, indirectement, la plus grande part de sa prospérité à Rothschild.

La colonie allemande comprend la partie la plus méridionale du Haïfa propre qui présente un aspect pareil à celui de Jaffa, mais est d'un accès plus facile pour les voyageurs. Une voie ferrée le relie à Damas, ce qui a considérablement augmenté l'importation et l'exportation.

Je ne parvins pas à trouver un logis à Haïfa même, toutes les chambres étant retenues par une grande société de touristes américains. Mais je trouvai un bon logement à l'hôtel du pasteur Schneider, au Carmel. C'était un séjour délicieusement reposant et j'y serais resté volontiers plus longtemps. Le pasteur Schneider et sa femme sont tous les deux très affables ; ils prenaient un vif intérêt au Sionisme. Le pasteur me dit que, d'après sa conviction, le pays était réservé pour les juifs, ce à quoi j'observai que les chrétiens, en Palestine, avaient déjà mis la main sur bien des terrains pour leurs colonies et leurs couvents, et que, par exemple, le pasteur lui-même avait une propriété passablement importante autour de son hôtel. Le brave pasteur se déclara prêt à nous céder immédiatement ses possessions, à condition de les garder, lui et sa famille, comme nos hôtes. Une offre réellement tentante, quoique faite en raillant. Mais quand les temps seront venus, se trouvera-t-il beaucoup de chrétiens prêts à céder leurs terres en Palestine, contre une indemnité raisonnable, à des acquéreurs juifs ?

D'Haïfa, je fis une excursion à St Jean d'Acre. Cette ville a été saccagée si souvent que, hormis quelques parties anciennes près du port et du fort, il n'est resté aucun vestige des temps passés. La chevauchée, pour nous y rendre, se fit le long de la grève, passant de temps en temps à proximité d'un bras de mer et de quelques petites rivières qui y ont leur embouchure. Je vis quelques grandes tortues de mer sur le sable.

St Jean d'Acre a beaucoup perdu de son importance ; autrefois, on en exportait beaucoup de blé venu du Hauron, mais depuis que le chemin de fer est terminé, la plupart passe par Haïfa.

Mon hôte du Carmel m'accueillit au matin avec un délicieux

petit bouquet de violettes. Muni d'excellents souvenirs d'Haïfa, j'entrepris le voyage de Galilée.

Par monts et par vaux, avec, de temps en temps, une belle vue sur le vallon qui réunit les plaines de Jezraël et d'Acre, et par des vallées vertes et fécondes, nous arrivâmes à Nazareth. Ici encore, la fontaine forme le centre du mouvement, le club des femmes et la plaine de jeux des enfants. La majorité de la population de Nazareth est chrétienne.

On trouve en Galilée plusieurs villages habités par des mahométans et des chrétiens et même, dans de petits endroits comptant peu de chrétiens, ceux-ci appartiennent souvent à des sectes différentes. Bien des fois on voit à côté d'une église protestante, un couvent grec ou russe, une école catholique et un hôpital anglais. Les missions ne semblent pas avoir beaucoup de succès parmi les mahométans ; cela provient probablement de ce que leur religion est intimement liée à leur nationalité. C'est sans doute pour cette raison que leurs guerres ont la plupart du temps un caractère religieux et que les infidèles ne sont pas admis au service militaire dans l'empire turc.

Passé Nazareth, on a de nouveau une vue libre sur la plaine de Jezraël. Je vis le mont Thabor et Endor au pied de la montagne. Nous rencontrâmes des groupes de Bédouins ; et de temps à autre un Arabe monté sur sa jument, qu'un poulain suivait comme un chien. En général, j'ai trouvé les chevaux bons en Palestine, aussi sommes-nous près du berceau de la race arabe. D'ordinaire les chevaux ne sont pas aussi grands que chez nous, mais ils sont forts et doués d'une singulière endurance. Ils trottent rarement, le plus souvent ils vont au pas, mais ils peuvent aussi soutenir un galop prolongé. Avec cela ils sont particulièrement intelligents. Comme exemple à l'appui, le récit que me fit le cavalier d'un arabe pur-sang que je lui enviais sincèrement. Quelques semaines auparavant, il avait glissé sur l'herbe et sa jambe était prise sous son cheval. La bête était restée couchée très tranquillement jusqu'à ce que son cavalier eût avec précaution dégagé sa jambe ensuite le cheval s'était relevé doucement sur l'ordre de son maître. Les Arabes ont souvent leurs pur-sangs en propriété commune ; l'élevage des chevaux est un métier très estimé chez eux et, quoique l'exportation de chevaux soit prohibée dans l'empire turc, plus d'un pur-sang part pour l'Egypte par voie de terre.

Nous arrivâmes le soir à la colonie juive Sedjérah, une belle « farm » de la Jewish Colonisation Association. On s'y adonne surtout à l'agriculture et à l'élevage du bétail et le visiteur sent qu'on y travaille sous une direction capable et énergique. On me servit pour la première fois en Palestine du beurre excellent en abondance et l'on me régala d'un mets nouveau, une espèce de fromage mou, blanc, écrasé et mêlé de crême, de poivre et de sel d'un goût parfait. Il est à regretter que la J. C. A. ait décidé de supprimer cette ferme, parce que tous les ans, il lui faut combler un déficit. Il faut toutefois reconnaître que les produits lactés trouveraient un meilleur débouché, si la farm était située aux environs d'une grande ville.

Je rencontrai à Sedjérah une espèce de gens qui m'était inconnue. Il se trouvait, dans la colonie, des Gerim, c'est-à-dire des Russes convertis au judaïsme. Il paraît qu'en Russie il y a encore beaucoup de ces Russes qui ont adopté le judaïsme ; ils supportent moins bien le climat de la Palestine que les juifs. Le pays est cependant salubre ; il y avait au village arabe voisin une femme de 120 ans qui se rappelait que Napoléon y avait campé avant les batailles de St Jean d'Acre et du mont Thabor. Le mont Thabor est à peu près solitaire, de sorte que de son sommet on embrasse d'un coup d'œil une grande partie du pays. Nous nous mîmes en route de bonne heure, mais un formidable orage éclata, qui nous obligea à rebrousser chemin et à chercher un asile dans la petite colonie juive Meshah, une colonie agricole, dont le sol, ainsi que celui du voisin Yemma, est très fertile.

Nous prenons par l'Est vers le Jourdain. Les routes sont partout mauvaises. Il paraît que les 4 francs, que tout sujet turc paye annuellement pour l'entretien des routes depuis sa 20me jusqu'à sa 50me année, ne suffisent pas. L'adjudication de l'entretien des voiries se fait de la manière habituelle et les entrepreneurs soignent leurs propres intérêts. Ils font souvent casser les pierres par des femmes et si par hasard il ne se trouve pas de colonne antique sous la main pour la rouler sur la route en guise de cylindre, les pierres restent telles quelles et l'on confie à la Providence le reste de la besogne.

J'ai été souvent obligé, dans le cours de mon voyage, de passer dans les champs bordant les routes, quand celles-ci étaient impraticables. Tout le monde fait ainsi, au grand détriment des cultivateurs. J'ai entendu définir comme suit, les routes turques : on les considère comme des endroits plus ou moins praticables

Casseuses de pierres.

qu'on fait bien de contourner. Mais parfois même il est impossible d'en faire le tour et, en ce cas, il faut tant bien que mal passer sur la route même.

Nous atteignons, près du Jourdain, la colonie juive Melhamié, une véritable colonie agricole, avec une population virile.

De là, nous côtoyons le Jourdain, dont l'eau est très claire en cet endroit. Le long de petits rapides et de cascatelles, nous arrivons au lac de Tibériade dont les bords sont couverts d'une belle végétation. Le soir, c'est une vraie féerie quand le soleil couchant répand des couleurs magiques sur les monts et sur l'eau. Des oiseaux voltigent autour de nous et un couple de gazelles fuit dans les montagnes. La vue de ces frêles animaux me prouve plus que jamais comme je suis peu chasseur ; je ne parviens pas à comprendre qu'on puisse faire feu sur ce genre de bêtes.

Il fait déjà noir quand nous arrivons à Tibériade. L'hôtel est encore une fois occupé par une société de voyageurs américains et l'on nous fourre dans une espèce de dépendance. La réputation de Tibériade m'avait fait craindre le pire : l'endroit est infesté par la vermine ; mais on s'habitue à tout en fin de compte et, en Orient, on se résigne bientôt à l'inévitable.

Tibériade est une petite ville ancienne et misérable dont le seul attrait pour les étrangers consiste en son agréable situation au bord du lac. La population, d'un total d'environ 5000 âmes, est composée de juifs pour les 3/4 qui, comme ceux de Jérusalem, vivent principalement d'aumônes envoyées par les Institutions juives d'Europe et d'Amérique. Ils sont terriblement pauvres et malheureux et vivent dans les conditions d'hygiène les plus défavorables. Le choléra sévit ici, il y a quelques années et, de la population juive, il en mourut 600 dans l'espace d'un mois.

Il y a, dans le voisinage immédiat de Tibériade, une quantité de sources chaudes sulfureuses, dont l'eau, pour la plus grande partie, se perd improductive dans le lac. Il y a une couple de maisons de bains primitives, dont la propreté me paraît quelque peu douteuse. L'eau est réputée très curative pour les rhumatismes et quelques autres affections. Jadis, il a dû y avoir ici une grande station balnéaire. En se promenant le long de la rive, on aperçoit çà et là sous l'eau transparente, des colonnes et des restes de sculptures. La rive était probablement couverte de villas et d'établissements de bains et il y a sûrement peu d'endroits en ce monde avec un climat aussi excellent que celui des bords du lac de Tibériade.

Un dimanche, nous nous embarquâmes de bon matin sur un bateau à voiles qui glissait lentement sur le lac, lisse comme un miroir. Les rameurs durent venir à la rescousse, car il n'y avait pas le moindre vent. Je crois que le lac de Tibériade m'est la partie la plus chère de toute la Palestine. La belle nature, l'air ambiant y donnent une impression de paix et de bonheur, comme je n'en ressentis de pareille nulle part d'autre en Palestine.

Nous débarquons près de Capharnaüm et nous nous trouvons subitement parmi les ruines d'une synagogue gigantesque. Il y a un couvent de Franciscains qui surveillent les fouilles. Jamais je n'ai vu une synagogue de pareilles dimensions. La plus grande partie est encore enfouie sous le sol. On veut tâcher de tout reconstituer aussi exactement que possible, mais il est à craindre que trop déjà ait été enlevé comme matériel de construction à Tibériade et aux environs.

Nous retrouvons nos chevaux près d'Ain et de Tabigha (les sept sources) où nous les avons expédiés de Tibériade, le long de la rive. Nous traversons à présent un terrain volcanique avec, çà et là, une végétation luxuriante, pour nous rendre à la colonie juive Rosh-Pinah. Les habitants sont au nombre de 800. Ils vivent d'agriculture et du produit des plantations d'oliviers et d'amandiers. Les amandiers avaient donné cette année une abondante moisson.

De Rosh-Pinah je visitai la ville de Safed. La route qui y mène passe par une vallée belle, féconde et largement arrosée. Près de Safed, la vallée ne forme qu'un immense jardin. Ici aussi, près de la moitié de la population est juive. Safed est une ancienne place forte et dans le cours des temps, la ville, comme d'ailleurs tout ce pays, a été souvent visitée par des tremblements de terre.

Je reviendrai plus tard à la population juive des villes, les colonies juives m'inspirent plus d'intérêt et le lendemain matin, je reprends le voyage vers les colonies de Mischmar Ila Jarden (la sentinelle du Jourdain) et de Jessud Ila Maala, deux petites colonies agricoles, qui ont passé par des années ingrates. A Jessud Ila Maala nous engageons un guide et une couple de mulets supplémentaires. Nous voulons atteindre le soir même la colonie juive Métullah, située plus au nord que les autres colonies et passablement isolée. Mais le temps était contraire : une pluie diluvienne, et nous n'avancions que lentement avec nos bêtes de somme. Nous longeons le lac de Huleh, traversé par le Jourdain avant qu'il se jette dans le lac de Tibériade. Le lac doit être très giboyeux. Il semble surtout abriter beaucoup de pélicans. Le sol devient de plus en plus marécageux ; la plaine, au nord du lac, ne forme plus qu'un vaste marais et deux de nos bêtes font déjà la culbute. Dans le lointain, au pied des montagnes, on découvre çà et là des camps bédouins avec de grands troupeaux.

Le jour baissait déjà que nous avions encore un bon bout de chemin devant nous. Il pleuvait avec de rares éclaircies, nos bètes avançaient péniblement et petit à petit l'obscurité devint complète. Nous allions à la file ; l'issue de cette expédition, illustrée par les cris des chacals et des hyènes, ne laissait pas de nous inquiéter. Un contretemps, qui finit bien cependant, ne nous fut point épargné. En chevauchant lentement, nous entendîmes tout à coup le bruit d'un plongeon ; c'était notre guide qui avait disparu avec sa monture. J'ai vécu là le moment le plus anxieux de mon voyage. Arrêtés dans les ténèbres, nous n'entendîmes absolument rien pendant quelques instants et nous pensions déjà que l'homme et sa bête étaient noyés tous deux. Nous descendîmes de cheval avec précaution et notre guide de Jessud Ila Maala réussit à porter secours à son camarade. Après un moment qui nous parut une éternité, les deux hommes reparurent, puis le cheval et enfin ma valise, qui avait également été submergée. Il se trouva que nous côtoyions de près un ruisseau bourbeux démesurément grossi par les pluies. Nous avions tout lieu d'être reconnaissants d'en sortir à si bon compte, sans malheur grave à déplorer ; en continuant notre route, nous vîmes bientôt les lumières de Métullah où nous arrivâmes fort avant dans la soirée.

Je m'aperçus que le contenu de ma valise avait beaucoup souffert de son bain improvisé ; le pire était que trois séries de photographies, chacune de 12 pellicules que je n'avais pas eu le temps de développer, étaient complètement perdues. C'étaient des vues de Judée et de Galilée, spécialement des colonies juives.

Les résultats obtenus jusqu'ici dans la colonie de Métullah étaient loin d'être brillants ; par sa situation isolée, la sécurité n'y est pas aussi complète que dans les autres colonies. Il y a quelques années, paraît-il, des Bédouins ont volé les moissons des colons. Aujourd'hui, on a pris des mesures pour tenir tête aux surprises.

De Métullah, je visitai les sources du Jourdain près de Panéas. La plus grande partie de la route passe de nouveau par des ruisseaux et des marais. Petit à petit, j'ai acquis la conviction que cette « Palestine, si dépourvue d'eau », en manque aussi peu que notre chère Hollande.

Nous arrivons à l'ancien Dan, la frontière Nord de l'ancien royaume juif et bien que je n'aie pas poussé aussi loin au Sud que Bersabée, je crois néanmoins avoir vu suffisamment le pays de mes pères.

Plus loin, sur la route, nous voyons encore une fois beaucoup de débris de piliers et de temps en temps on reconnaît distinctement des restes de temples. Ici aussi l'emplacement d'une ville importante, Panéas, l'ancien Césarée Philippe ! Mais les sources du Jourdain présentent certainement le spectacle le plus imposant de tous.

Cascade près de Panéas.

Je me trouvai au milieu d'un large amphithéâtre de rochers et partout à mes pieds, je vis sourdre l'eau ; de tous côtés, elle jaillissait des roches et ruisselait vers le sol. Voilà comment le Jourdain prend sa source.

Nous passâmes la nuit à Métullah ; j'allais bientôt quitter la Palestine propre avec ses colonies juives, où partout j'avais été

La Galilée supérieure.

reçu comme un parent. Je ressens le besoin d'exprimer ici mes remercîments aux directeurs des colonies, aux colons et à tous ceux qui m'y ont accordé l'hospitalité. Egalement pour l'aimable prévenance avec laquelle je fus accueilli partout. Des guides et des renseignements me furent procurés à souhait, partout et toujours et cela me donna, dès le commencement jusqu'à la fin de mon séjour dans le pays juif, la sensation du chez moi.

Mon voyage se poursuit maintenant à travers les terres vers Saïda, l'ancien Sidon. Le temps est délicieusement ensoleillé. Derrière nous se dresse l'Hermon couvert de neige, comme un géant parmi les monts. Quoique nous ayons encore toute une bonne journée devant nous, nous voyons, par moments, reluire dans le lointain la Méditerranée. A droite, nous apercevons le Liban séparé de l'Anti-Liban par une belle plaine fertile où serpente l'exubérant Litani, un torrent tumultueux et mugissant. Nous traversons les monts de la Galilée supérieure et passons par Kalat-esh-Shakif, un château des Croisés, qui dominait autrefois une grande partie du pays. Il y a ici encore plusieurs de ces vestiges du moyen-âge.

Nous fîmes la sieste à En-Nabatiyeh, un grand bourg de la secte des Metawilehs. Ces Metawilehs sont ainsi que les Perses des Shyites. Baedeker dit d'eux qu'ils sont assassins et voleurs, mais nous en obtînmes un excellent repas et nous pûmes continuer notre route sans être molestés. Nous atteignîmes la Méditerranée vers le soir ; tout près de la côte, j'aperçus pour la première fois un chacal. Je lui envoyai deux balles sans toutefois le toucher.

Au crépuscule, nous arrivons aux vergers de Saïda, rien qu'orangers et citrons. Je me fis conduire tout d'abord chez le consul de Hollande, mais il était absent. Un de ses confrères fut assez aimable pour nous procurer un logement. Cette promenade à cheval, le soir, à travers Sidon, passant par les bazars aux lourdes voûtes, par des portes et des ruelles, était particulièrement charmante.

Logés à la Syrienne, mais le tout très propre : une paire de mules devant chaque lit. Pour notre déjeûner, de petits pâtés de poisson, bons, mais coriaces. On en enveloppe les morceaux dans

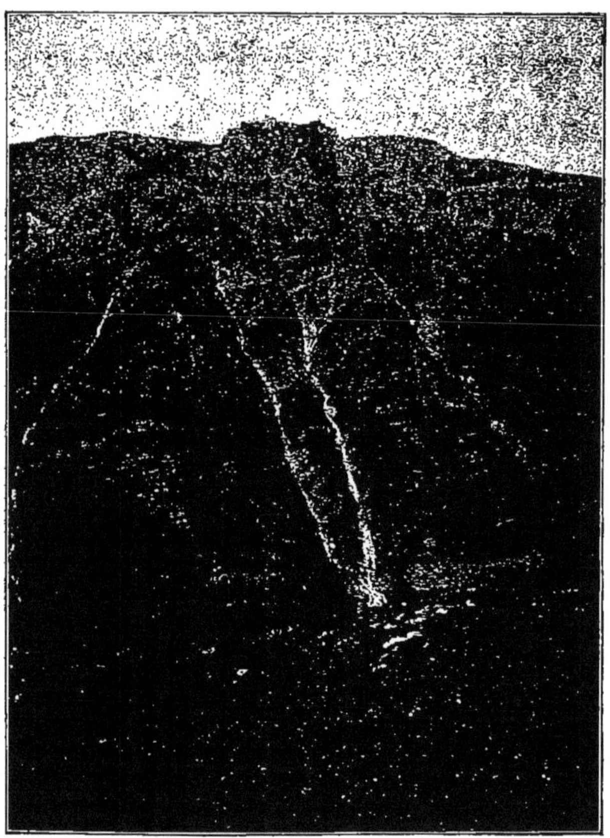

Ruine des Croisés en Galilée.

des bouts de pain plat et dur et on trempe le tout dans une espèce de sauce piquante. Cuillers et fourchettes sont choses inconnues. Mais nous savons comment nous tirer d'affaire.

Saïda a un port agréable. Sa situation relativement à l'intérieur paraît plus favorable que celle de Beyrouth, c'est pourquoi les marchands de Beyrouth sont prématurément jaloux de la prospérité possible de Saïda. Il ne reste pas grand'chose de l'ancien Sidon. On a mis au jour plusieurs sarcophages, parmi lesquels il y en a un, magnifiquement décoré de scènes de la vie d'Alexandre le Grand. Ce sarcophage se trouve actuellement au musée de Constantinople.

Nous quittons Saïda pour Beyrouth dans une voiture à trois chevaux. Une belle route longeant la mer et bordée de citronniers, d'orangers, d'amandiers et de palmiers. Nous arrivons au territoire de la province de Liban, qui, jouissant de l'autonomie dans une certaine mesure, possède une juridiction et une force armée propres, le tout sous le contrôle des puissances avec lesquelles le gouvernement turc doit s'entendre toutes les fois, à propos de la nomination du gouverneur chrétien. Malgré cela, j'appris que dans ce coin privilégié l'offre et l'acceptation de bakshish est resté dans les usages aussi bien que partout ailleurs dans l'empire ottoman. Quoi qu'il en soit, l'argent pour l'entretien des routes ne paraît pas arriver, ici non plus, en totalité à sa destination. Nous apercevons une charrette restée dans une fondrière. Un peu plus loin, sur la rive, on montre l'endroit où Jonas fut rejeté par la baleine. J'ai photographié la place pour les St Thomas incrédules.

Nous approchons de Beyrouth et je jette un coup d'œil dans une filature de soie, où une trentaine de femmes et de jeunes

Endroit où Jonas atterrit.

filles dévident de la soie. L'odeur des cocons dans l'eau chaude est insoutenable. Je ne comprends pas comment ces gens la supportent toute la journée.

La route reste très mauvaise. Nous rencontrons une voiture venant de Beyrouth. Nos cochers apparemment se connaissent; ni l'un ni l'autre n'a l'air pressé. On s'arrête, on s'informe des santés respectives : « Si vous vous portez bien, je me porte bien aussi ». Le cocher de Beyrouth raconte encore qu'il s'est acheté un nouveau cheval dont il énumère les qualités. Et sur ce, nous continuons notre chemin. On voit qu'on rentre dans le monde civilisé. Une firme de l'Illinois a placé sa carte grande de plusieurs mètres carrés sur un moulin à vent américain. Malheureusement, la civilisation moderne a nui aussi à Beyrouth. Les mœurs y sont déplorables, la population joueuse et perfide. Les meurtres entre chrétiens et mahométans sont à l'ordre du jour.

A l'hôtel allemand de Beyrouth, on sert de nouveau du porc en abondance. Et je me sens bon juif jusqu'à l'estomac. J'entendis ici un joli conte du Talmud qui se rapporte à la répugnance des juifs pour les cochons. Quand Pompée assiégea Jérusalem, les juifs manquaient d'animaux pour les sacrifices du Temple et ils descendirent au moyen d'une corde, le long de l'enceinte, un panier avec quelques pièces de monnaie; en échange, les soldats romains renvoyaient un mouton. Une fois, les soldats y mirent un cochon au lieu d'un mouton. Mais quand l'animal fut au haut du mur, un tremblement de terre ébranla le sol sur une grande étendue. Depuis lors, les juifs disent : « Quand un cochon (un vaurien) monte l'échelle sociale un tremblement de terre sévit », c'est-à-dire, l'homme fait mauvais usage de son influence, et cette mauvaise influence se fait sentir au loin.

Beyrouth est un port important avec 120000 habitants dont 2500 sont juifs. La population juive est insignifiante ici. La mission américaine possède un collège à Beyrouth, une espèce d'université, avec 7 à 800 élèves.

Beyrouth est entouré de beaux jardins à luxuriante végétation, particulièrement des oliviers et des mûriers. Un peu au-delà de Beyrouth on embrasse tous les environs, le port, la baie et les cimes chenues du Liban. Mais je ne suis plus ici dans le pays juif. Selon moi, les bornes devraient être Panéas, l'ancien Dan et la province du Liban.

Je rencontrai à Beyrouth le Dr Goldsmit, d'Amsterdam, qui serait désormais mon compagnon de voyage. Nous devions voir encore quelques endroits de la Syrie et puis nous rentrerions en Hollande par l'Asie-Mineure et Constantinople. Je décrirai brièvement ce voyage pour revenir ensuite au pays juif et au peuple juif.

Le train pour Damas part le matin de bonne heure et nous roulons, le long de résidences d'été bien situées, à travers le Liban. Nous sommes bientôt au milieu des neiges et nous atteignons une hauteur de plus de 1600 mètres. Un de nos compagnons de route nous indique des traces de gibier et dit qu'il a vu passer là, la veille, toute une famille de renards. Nous revoyons le Litani impétueux, notre ancienne connaissance de Galilée et nous continuons à rouler par les montagnes de l'Anti-Liban, en descendant lentement vers Damas.

Avant que nous ayons conscience de ce qui nous est arrivé, tant tout s'est passé rapidement, nous nous trouvons installés dans une voiture découverte et nous roulons au grand galop, vers l'hôtel Victoria, parmi des nuages de poussière soulevés par d'autres voitures. L'hôtelier a la réputation d'un original. Il exige que ses hôtes paraissent à table à l'heure exacte, celui qui est en retard de dix minutes, n'obtient plus rien à mettre sous la dent. Il n'y a pas de salle de bain dans tout l'hôtel. L'hôtelier paraît avoir répondu à un anglais qui voulait prendre un bain : « Chez moi, il ne descend que des gens propres qui n'ont pas besoin de se baigner ».

La ville ne manque pas cependant de grands établissements de bains, luxueusement installés à l'orientale. Damas a un aspect grandiose. C'est bien là le splendide coloris d'Orient dans sa riche diversité. Nulle part d'autre, je ne l'ai rencontré d'une façon aussi caractéristique, pas même à Alep. Le mouvement se concentre aux bazars, les grandes galeries couvertes remplies de magasins, où les tapis sont étalés et vantés ; les changeurs y ont leurs places fixes, les voitures y passent au trot ; on y voit de tout, des chameaux et des ânes joliment harnachés, portant de grands et lourds fardeaux, des cavaliers majestueux, des représentants de toutes les nations, Persans, nègres, pèlerins de La Mecque dans les costumes les plus variés.

Quoiqu'on ne trouve plus guère l'ancien damasquinage, un coup d'œil dans les bazars en vaut cependant la peine ; on y voit de beaux cuivres et des bois sculptés incrustés de nacre; des tapis aux nuances tendres venant du Liban ; ces tapis soyeux maintiennent toujours la réputation de Damas ; en outre, de beaux tapis de Perse. On évalue la population de Damas à 250.000 âmes dont environ 10.000 juifs, pauvres pour la plupart,

Entrée du bazar à Damas.

et pour qui l'industrie du cuivre est un misérable gagne-pain. La communauté juive est obligée de vendre les objets de valeur des synagogues, pour subvenir à ses besoins. J'ai vu une belle synagogue ancienne. Les femmes n'y ont pas de places à l'intérieur. Pendant le service, la porte et les fenêtres grillées restent ouvertes ; derrière se trouvent quelques bancs pour les femmes, mais la plupart doivent sans nul doute rester debout.

Bien des choses rappellent l'ancienne splendeur de Damas ;

Un intérieur à Damas.

notre guide parvint à nous montrer l'intérieur d'une maison particulière. L'école de l'Alliance israélite est aussi installée dans un vieux palais. Nous visitons la grande et magnifique mosquée et le tombeau de Saladin. Une Anglaise demanda quel était donc ce Saladin ? Cependant, ils sont très pratiques, ces Anglais. Ils ont bien soin d'apprendre ce dont ils ont besoin. Il y avait, à notre hôtel, un Anglais venu de Bagdad. Il ne comprenait ni le français ni l'allemand, en revanche, il parlait l'arabe et le persan.

Le tram électrique de Damas, mis en exploitation depuis

Cour à Damas.

quelques semaines, offrait un spectacle curieux. Une société d'industriels français et belges ont mis sur pied cette entreprise. J'ai appris que cette même Société obtiendra la concession pour un tram électrique à Beyrouth. La population de Damas est encore loin d'être habituée à ce genre de locomotion et les conducteurs du tram ne sont guère à envier.

Notre but le plus rapproché est à présent Balbeck ; nous suivons la ligne de Beyrouth pour la quitter à Rayak. Après une courte halte nous continuons le voyage et bientôt nous découvrons les grandes colonnes du temple de Jupiter.

Toutes les fois que je voyais quelque chose de très beau, je

Cour intérieure à Damas.

pensais que cela surpassait ce que javais vu de plus beau dans le cours de mon voyage. Il en fut de même ici. Les édifices sont bien mieux conservés que par exemple le Colysée à Rome. Le tout me parut aussi bien plus prodigieux, mais cela tient probablement au milieu. Les sommets de neige de l'Anti-Liban forment un fond plus grandiose que les sombres maisons de Rome.

Il est vraisemblable qu'en cet endroit on adorait Baal, tant abhorré des juifs. Mais les gigantesques constructions qui excitent notre admiration datent des Romains ; ce sont sûrement les plus magistrales qu'ils nous ont laissées. Plus tard, les Arabes ont énormément mutilé et ont changé le temple de Jupiter en forteresse. Un séjour digne de Saladin. Et après les Arabes, les tremblements de terre ont achevé la destruction de cette œuvre titanesque.

Dans le train d'Alep nous tombons sur une société de Persans qui reviennent de La Mecque. De grands et fiers gaillards, avec de gracieux turbans et de longues draperies. Autrefois, tout le voyage se faisait par caravanes pour autant qu'il ne valait pas mieux faire une partie par mer. Mais depuis que le chemin de fer du Heyjaz est si avancé, on en fait usage jusqu'à Alep, et là il se reforme des caravanes.

L'arrivée du train est évidemment une chose que tout Alep vient regarder. Du reste, il n'y a pas longtemps encore, on devait se passer de chemin de fer. Le propriétaire de l'Hôtel du Parc nous a vite dans l'œil, et nous roulons par de larges rues vers l'hôtel qui est moins mauvais que sa réputation. A Damas on le nomme « l'Hôtel des Porcs » et son propriétaire « le baron ». Il est Arménien et il paraît que les Arméniens sont souvent barons. La population d'Alep équivaut à celle de Damas, mais dans la ville il règne plus de bien-être. Les relations commerciales sont très suivies avec l'intérieur du pays jusqu'à Bagdad d'une part et Alexandrette de l'autre. On fonde ici de grandes espérances sur le chemin de fer de Bagdad, qui reliera pour ainsi dire, directement Alep à l'Europe.

La ville est loin de posséder un caractère oriental aussi

à Alep.

prononcé que Damas. De ci de là, de grandes maisons modernes. L'ancienne citadelle est dans un état délabré et, outre la grande mosquée et une grande synagogue, il y a peu d'attractions pour les visiteurs d'Alep. La population juive y est tout aussi pauvre qu'à Damas.

Après de longues négociations, nous nous assurons d'une

voiture qui nous mènera à Antioche et à Alexandrette. Nous convenons de partir à 4 heures du matin et le consul de Hollande soignera pour une conduite armée.

Place de la Mosquée.

Nous quittons Alep dans un grand landau à quatre chevaux, attelés l'un à côté de l'autre. La conduite armée se compose d'un

Ruelle d'Alep.

seul soldat à cheval mal accoutré. Aux différents relais, situés à une couple d'heures les uns des autres, le soldat est remplacé par

La Citadelle.

un confrère dont la tenue est pareille à la sienne. Ils sont assez aimables pour me céder leur cheval de temps en temps, ce que j'accepte avec reconnaissance. Etre assis toute une journée dans une voiture est un plaisir que j'apprécie peu. Nous perdons bientôt Alep de vue. La route ne présente qu'un va et vient non interrompu de caravanes d'Alexandrette.

Nous trouvâmes un logement pour la nuit dans un petit endroit El Hammâm chez un sheik qui, pour autant que nous pûmes comprendre son domestique, se trouvait dans son harem à notre arrivée. Après une longue attente, notre hôte parut enfin en compagnie d'un jeune Turc au vrai type mongol.

Après les salamalecs obligés nous racontons que nous sommes Hollandais. Le petit ami du cheik à l'air d'en saisir quelque chose, car il parle de Christiania et de Stockholm. Notre vocabulaire arabe ne nous est plus d'aucun secours, dans ces contrées tout le monde parle turc.

On servit du café et du thé, un drôle de fromage, du lait de chèvre et un unique pigeon rôti. Le fromage se mangeait surtout avec l'arac dont le cheik, qu'Allah le lui pardonne, semblait être grand amateur. Après une conversation animée nous témoignâmes du désir de nous coucher. On nous donna une chambre pour nous trois et nous dûmes nous contenter d'un sopha et de quelques chaises. Nous avions avec nous plusieurs tapis de Perse achetés à Damas, nous nous étendons là-dessus en nous couvrant de nos jaquettes et de nos couvertures de voyage.

La nuit fut passable pour tous, l'un de nous excepté, qui se plaignit le lendemain matin de la dureté de son oreiller. Il paraît que le sac qui en avait tenu lieu, contenait encore une paire de bottes.

A 3 1/2 heures du matin notre cocher vient faire un bout de

conversation pour me faire comprendre qu'il nous mènerait en 15 jours à Bagdad ou en 12 jours à Mossoul ; mais je lui signifie qu'il ne faut pas y songer et que nous voulons pour le moment, partir pour Antioche.

Nous faisons nos adieux au cheik Mahomet et poursuivons

Antioche vue du haut du mur romain.

notre voyage par un pays autrement varié que celui de la veille. Ayant devant nous les blancs sommets des monts Amanus, nous atteignons bientôt le grand lac d'Antioche dont les bords ont une dense population de cigognes. Jamais je n'en ai vu autant réunies.

Elles semblaient s'exercer au vol pour leur migration vers le Nord.

Nous traversons quelques petits villages et atteignons vers le soir, après une longue journée, Antioche. Nous nous rendons au logis du consul d'Angleterre, M. Dowek que nous trouvons être un frère de même race. Antioche ne possède pas de consulat

Sarcophage.

hollandais. Notre réception fut particulièrement cordiale; c'était justement la semaine de la Pâque juive et la table chez M. Dowek me rappelle les friandises de mon enfance. Comme la plupart des juifs d'Orient, la famille Dowek est juive-espagnole. La mère de notre hôte offrait le type d'une rare beauté, une solide Espagnole qui fumait son narghileh avec beaucoup de tempérament. Il me semble que nous avons dû avoir de ces types en Hollande, quand les premières familles juives espagnoles et portugaises s'y fixèrent.

M. Dowek eut l'amabilité d'envoyer des literies à notre hôtel où nous goûtâmes un repos parfait.

Antioche est située sur le large Oronte, au pied des montagnes. La ville a dû être dix fois plus étendue autrefois. Il existe encore par ci, par là des parties du grand mur romain et même des restes de conduites d'eau romaines. Je fis la photographie d'un sarcophage, mis au jour il y avait peu de temps.

La population a l'air assez florissante, mais ici aussi la population juive est très indigente. Les moyens manquent pour subventionner une école élémentaire. Ainsi, les juifs sont bien forcés d'envoyer leurs enfants à l'école de la mission, s'ils ne veulent pas les laisser complètement privés d'instruction.

Trouvant de bons chevaux à Antioche, nous faisons prendre les devants à la voiture vers Beilan où nous la rejoindrons vers le soir. Le long de la route, des tortues en abondance parmi lesquelles de très grands exemplaires ; nous n'avons qu'à nous baisser pour les prendre. Nous sommes bientôt dans les montagnes, d'où l'on a une vue étendue sur les alentours du lac d'Antioche. Il faisait déjà noir quand nous atteignîmes le col de Beilan et, après une courte station au village, nous voulûmes aller le soir même en voiture, à Alexandrette. Nous avions compté sans notre hôte : pas moyen d'avancer. Nous descendons pour voir ce qui en était et bien nous en prit, car les chevaux que l'obscurité rendait rétifs tiraient trop de côté et à peine étions nous descendus que la voiture versa dans une ornière. On chercha de l'aide à Beilan et heureusement, cocher, chevaux et la voiture même sortirent indemnes de ce mauvais pas.

Ruelle d'Antioche.

Nous jugeâmes plus prudent de revenir à Beilan et la procession se mit en marche, les lanternes en avant, pour retourner au Kan.

Nous y trouvâmes un logement très supportable, mais peu de victuailles. Anton avait un sac plein de tortues, mais nous ne parvînmes pas à faire comprendre que nous voulions en faire faire de la soupe. Aussi, à l'exception d'une toute petite tortue qui, grâce aux bons soins d'Anton, fit tout le voyage avec nous, relâchâmes-nous les autres.

Le lendemain matin de bonne heure, la voiture nous mena du col de Beilan à Alexandrette sur la Méditerranée. Le port semble particulièrement bien situé ; c'est certainement le port le meilleur de la côte syrienne. Une fois qu'Alexandrette sera reliée à Alep par une voie ferrée, elle deviendra une place très florissante. Nous vîmes au marché des caisses d'oranges des colonies juives, que nous rappelait en outre, l'excellent vin de Rishon-le-Zion qui nous fut servi ici, aussi bien que dans d'autres endroits que nous avions visités et qui nous fut encore servi souvent pendant notre voyage en Asie Mineure. Conformément à nos projets, nous trouvâmes à Alexandrette, un bateau du Lloyd autrichien qui nous transporta à Mersine après une courte traversée d'une nuit.

Mersine est relié à Tarse et à Adana par un chemin de fer, mais le port est loin d'être aussi bon que celui d'Alexandrette. A Mersine, aussi bien qu'à Alexandrette, on s'intéresse vivement au prolongement du chemin de fer de Bagdad. Et il me paraît qu'à Mersine on était assez agité à l'idée qu'Alexandrette aurait la part du lion du trafic, quand la voie ferrée sera établie jusqu'à Alep, en passant par les monts du Taurus vers Adana et en longeant ensuite le golfe d'Alexandrette.

Nous roulons en train, de Mersine vers Adana, par la plaine de

Cilicie, abritée au nord par les monts du Taurus. Le sol et le climat semblent très favorables à la culture du coton. La « Deutsch Levantinische Baumwoll Gesellschaft » a ses bureaux à Adana. Nous trouvâmes un hôtel grec à Adana où nous parvînmes à nous faire comprendre par l'intermédiaire de quelques voyageurs européens.

D'Adana nous voulions arriver à la ligne de Bagdad par les monts du Taurus. Le directeur de la Deutsch Baumwoll Gesellschaft eut l'amabilité de nous aider dans nos préparatifs pour ce voyage. Nous eûmes la chance de tomber sur un trio de marchands d'Eregli qui avaient amené leurs marchandises au marché d'Adana et qui, pour le retour, devaient passer par le Taurus. Ils disposaient de sept chevaux et de quatre mulets et nous convînmes qu'ils nous conduiraient en trois jours à Bulgurlu, le terminus provisoire de la ligne de Bagdad. De là à Eregli la distance n'est que de 10 kilomètres. Notre ami allemand nous procura aussi un interprête sûr, un Arménien qui parlait couramment l'anglais. Nous nous munîmes de provisions; ainsi nous étions complètement prêts à entreprendre le lendemain de bon matin, notre voyage aux monts du Taurus en passant par Tarse. Cette chaîne de montagnes au sud de l'Asie Mineure forme pour ainsi dire un mur impénétrable et les nombreuses caravanes qui amènent les produits des plateaux de l'Anatolie au marché d'Adana, doivent toutes suivre la même route, qui passe par le col de Gulek Bogas.

Nous quittons bientôt la chaude plaine de Cilicie pour la montagne ; nous faisons une courte halte à midi et nous arrivons vers le soir au Kan turc, où nous passerons la nuit. Plusieurs caravanes étaient déjà arrivées avant nous et il fallut de la complaisance pour abriter gens et bêtes. Nous obtenons pour nous trois un gîte au-dessus de l'écurie, en comparaison duquel le

Les monts du Taurus.

logis chez le cheik Mahomet pouvait passer pour somptueux. Nous étions sur le point d'arranger nos couchettes avec nos petits tapis d'Alep, quand notre interprête, tout défait, nous transmit la nouvelle qu'un homme qui avait été pillé et à moitié assassiné sur la route, venait d'être apporté au Kan.

C'était un boulanger arménien qui, dans l'obscurité, avait été assailli par des brigands. Ils lui avaient enlevé tout son argent et l'avaient terriblement malmené. Les tendons près du poignet avaient été coupés et de plus, l'homme avait la tête couverte de profondes entailles. Nous étions heureusement munis d'un matériel de pansement, dont le docteur Goldsmit se servit à l'instant. La besogne n'était pas mince : laver, suturer, et panser les plaies, prit plus d'une heure. Comme le malheureux avait perdu beaucoup de sang et qu'il y avait aussi le risque d'infection, le Dr Goldsmit n'avait que peu d'espoir de le sauver. Il donna à l'homme sa carte avec quelques indications pour l'hôpital anglais d'Adana où il serait transporté le lendemain. Quelques mois plus tard le Dr Goldsmit eut la satisfaction de recevoir à Amsterdam, une lettre de la directrice de l'hôpital d'Adana, où elle lui communiquait la complète guérison de l'Arménien.

Le lendemain matin, notre interprète était fort déprimé. Le pauvre avait pris à cœur l'accident arrivé à son compatriote et comme les Arméniens ne sont pas précisément bien vus des Turcs, il appréhendait le retour, tout seul, à Adana. Je crois que notre homme prenait l'aventure trop au tragique. C'était un cas d'agression, comme il s'en présente aussi en Europe et la haine de race n'avait rien à y voir. Pourvu que dans ces pays on ne s'aventure pas dans les chemins de traverse et qu'on rentre avant la nuit, les lieux sont passablement sûrs. D'ailleurs notre interprète pouvait se joindre, pour le retour, à l'une des nombreuses caravanes en destination d'Adana.

A une hauteur de 1.160 mètres nous atteignons le col de Gulek, nommé la porte de Cilicie. C'est un étroit passage entre les rochers et un torrent impétueux gronde dans l'abîme. Il y avait peu de neige et, en général, le paysage montagneux était loin d'être aussi imposant que les glaciers aperçus de loin, nous l'avaient fait supposer. Par ci par là, les versants sont boisés, mais cela fait mal à voir combien les arbres sont souvent mutilés. D'un tel, la hâche avait enlevé une partie ; d'un autre, on avait allumé un feu, et ainsi plus d'un arbre, sain quant au reste, était voué à la destruction.

La route est assez monotone. Çà et là, des squelettes de chameaux ; il paraît que, quand un chameau tombe, ce qui arrive rarement, il se casse la patte, et en ce cas, l'animal est perdu. Tous ces jours-ci, nous logions dans un Kan turc. Nous pouvions y avoir du café et du thé, la plupart du temps des œufs, et quand on tombait bien, du poulet. Vers le soir, ces Kans ressemblent à des villages et l'on manquait d'espace pour abriter gens et bêtes. Dans ce cas, les chameaux restent à l'extérieur, ils se couchent par terre l'un à côté de l'autre. On allume un feu de bois autour duquel s'accroupissent les chameliers drapés à moitié de vieux sacs qui leur serviront de couverture ; le spectacle est fantastique au possible. Du reste, notre propre société est plutôt curieuse. Quand nous campons quelque part, le camp des contrebandiers de Carmen me revient toujours à l'esprit. Notre interprète nous apprend, qu'on nous prend généralement pour les ingénieurs du chemin de fer et en vue de notre sûreté, nous n'avons garde de détromper les gens.

Après trois jours, nous n'avions pas encore atteint la voie ferrée. Nous avions dépassé les montagnes et devions passer la nuit dans un bourg turc à quelques heures de Bulgurlu. Nos compagnons de voyage avaient sans doute raconté comment le Dr Goldsmit avait soigné le blessé arménien ; car le lendemain matin, une grande affluence de malades, venus du village,

Nos compagnons de voyage en Taurus.

désiraient se faire traiter par le docteur. Jusqu'à présent les malheureux avaient dû se passer de médecin. Le Dr Goldsmit en soigna quelques-uns ; après cela, nous nous mîmes en route pour Bulgurlu où nous trouvâmes le train qui devait nous mener à Konieh. Nous nous séparâmes de nos compagnons de route tout heureux d'être en communication directe avec la Hollande au moyen du chemin de fer d'Anatolie et de Constantinople.

Jusqu'à présent, le chemin de fer de Bagdad n'est établi que sur 200 kilomètres. Il part de Konieh, le terminus du chemin de fer anatolien, passe par Eregli et va jusqu'à Bulgurlu. Quand je m'y trouvais au printemps de 1907, rien n'indiquait qu'on reprendrait bientôt la construction du chemin de fer. Cependant le prolongement s'impose ; la ligne Konieh-Bulgurlu n'est à présent qu'un cul de sac ; le mouvement y est insignifiant. Quoique le chemin de fer de Bagdad appartienne à une Société disposant de grands capitaux qui, par-dessus le marché, a obtenu des garanties suffisantes pour continuer l'exploitation, il est évident, pour qui connaît les circonstances, que l'Administration de la Société ne tolérera pas à la longue l'état actuel.

On a bien dit que la Société ne parvenait pas à se procurer les fonds nécessaires pour la construction future, principalement parce que cette partie de la ligne passerait par un pays peu productif, de sorte que la garantie usuelle par kilomètre ne serait pas applicable ici (garantie que le gouvernement turc prélève toujours sur la population du district par où passe le chemin de fer). Il me semble qu'un raisonnement pareil est peu logique. Il est vrai que certaines parties de la ligne seront très onéreuses comme construction et comme entretien, mais les monts du Taurus ne présentent pas de difficultés insurmontables. Si l'on prend en considération qu'il existe une circulation suivie de caravanes entre l'Est de l'Asie Mineure et Adana par le Taurus et qu'il en est de même entre Alep et le golfe d'Alexandrette, il y a tout lieu d'admettre qu'un chemin de fer reliant ces endroits obtiendrait des résultats très satisfaisants.

Je suppose, quant à moi, que les obstacles qui entravent la continuation du chemin de fer de Bagdad, sont d'autre nature et ne résultent pas d'embarras financiers. Une prompte solution est à souhaiter dans l'intérêt de ces contrées, afin que la voie puisse au moins être établie jusqu'à Alep. La communication entre les endroits prénommés est de si grande importance, qu'il n'est pas imaginable qu'on attende plus de quelques années avant de l'établir. (1)

Je profite de l'occasion pour faire la remarque que dans ce cas, il serait possible de faire tout le trajet, depuis l'Europe jusqu'en Palestine, en chemin de fer au moyen de la ligne du Hedjaz qui, à Alep, correspond à la ligne de Bagdad. Mais par cette seule voie de communication, le pays sera encore loin de former un chaînon dans le mouvement mondial. Pour cela il est encore trop insignifiant au point de vue économique. Aux yeux des trois anciennes parties du monde, la Palestine ne reprendra son rang parmi la grande circulation, que le jour où une population énergique lui aura rendu son ancienne prospérité.

Les gares de la ligne de Bagdad et du chemin de fer d'Anatolie qui y correspond sont construites en style européen. Elles sont

(1) Depuis que ceci a été écrit, les journaux ont fait mention de la décision prise pour continuer le chemin de fer de Bagdad, provisoirement de Bulgurlu à Adana, puis de là à Kilis d'où une ligne secondaire courrait vers Alep.

simples et propres. L'administration des chemins de fer est allemande. Les voies et le matériel sont généralement en très bon état. Le personnel est surtout recruté parmi les Arméniens. La circulation des trains n'est pas fréquente et j'eus l'occasion de remarquer que l'exactitude, qui devrait être la règle du service, n'est pas toujours observée. Les trains roulent le jour seulement et avec une vitesse modérée. Nous devions loger à Konieh, ce qui n'était pas un luxe superflu : depuis quatre jours et trois nuits, nous n'avions pas quitté nos habits. Le lendemain matin, nous poursuivîmes notre voyage vers Afiun Karahissar (noir château d'opium).

Les sombres ruines d'un château Seldjoucide dominent le joli petit endroit, qui emprunte son nom aux plantes donnant l'opium, qu'on y cultive. Les hauts plateaux de l'Anatolie sont actuellement une saline, mais la Compagnie du chemin de fer a obtenu la concession pour des travaux d'irrigation et un consortium allemand fournira les fonds nécessaires.

Le chemin de fer d'Anatolie relie directement le centre de l'Asie Mineure avec Constantinople. La ligne part d'Afiun Karahissar, passe par Eskischehr et va jusqu'à Haïdar Pacha où la Compagnie de chemin de fer allemande a installé un port moderne et est devenue la concurrente sérieuse de la ligne française Smyrne-Cassaba qui autrefois transportait les marchandises de l'intérieur à l'ouest.

En raison de cela, l'entente cordiale est loin de règner entre les deux Compagnies. Quand, à Afiun Karahissar, nous arrivâmes à la gare de la ligne Smyrne-Cassaba, le train était déjà parti depuis une demi-heure, de sorte que nous avions près de 24 heures devant nous pour le château noir, ce qui parut amplement suffire. Mais notre patience serait encore soumise à d'autres épreuves. Le lendemain, nous ne pûmes aller plus loin que Uschak. Là, le chef de gare nous apprit que la voie avait sérieusement souffert des inondations. Le printemps de 1907 se signala par de fortes pluies dans toute l'Asie-Mineure et les lignes de l'Anatolie en subissaient les dommages. Les voyageurs pour Constantinople n'étaient pas mieux lotis que nous, qui allions à Smyrne.

Nous poursuivîmes notre voyage au petit bonheur, mais nous nous aperçûmes bientôt que quelque chose clochait. Un éboulement bloquait presque complètement la sortie du tunnel N° 13 (!) et le train ne put passer. Nous dûmes descendre au bout du tunnel et attendre qu'un autre train nous repêchât. Pour comble de malheur, un pont au-delà d'Alachéïr était si détérioré qu'on n'en permettait même plus le passage aux piétons. Nous fîmes donc train arrière vers Alachéir dans l'incertitude complète du moment où nous pourrions continuer notre voyage. Le chef de gare, un Français, fut plein de prévenances et mit des lits à notre disposition. Mais la Compagnie des chemins de fer ne se pressa pas de nous délivrer. Nous lançâmes une dépêche au consul hollandais à Smyrne qui, immédiatement prit à cœur nos intérêts. Après un séjour de près de 40 heures à Alachéïr, on nous permit le passage à pied du pont qu'on avait quelque peu renforcé ; le train qui nous conduisit à Smyrne attendait sur l'autre rive.

La terre, ici, semblait meilleure que celle des plateaux de

l'Anatolie, mais les inondations avaient occasionné de terribles dégâts ; même des personnes et des animaux avaient péri les jours précédents. Du train, la vue était très étendue sur le golfe de Smyrne, où nous arrivâmes vers le soir ; nous y fîmes nos adieux aux chemins de fer de l'Asie-Mineure.

« Toute la beauté de Smyrne réside dans son port » dit le Dr Kuyper dans son ouvrage « Om de oude Wereldzee (1) ». Cette opinion résume parfaitement l'impression que Smyrne doit faire sur tout visiteur. Un tour par la ville n'en vaut guère la peine ; par contre, on peut passer des heures et des heures au port. La grande maison de commerce Van der Zee se trouve sur le quai ; le chef aîné, le vieux Monsieur van der Zee est le type du commerçant d'Amsterdam du dix-huitième siècle. La colonie hollandaise de Smyrne compte beaucoup de membres, tous sujets hollandais. Il est seulement regrettable que si peu d'entre eux comprennent le hollandais.

De Smyrne, nous visitâmes les ruines d'Ephèse qui ne produisent pas, à beaucoup près, une impression aussi saisissante que les restes des œuvres gigantesques de Balbeck. Les constructions sont le mieux conservées là où se trouvait jadis le théâtre, qui, d'après les dires, pouvait contenir 50.000 spectateurs.

La sécurité laisse à désirer aux environs de Smyrne. Il y a des brigands qui font métier d'enlever les gens aisés et d'exiger une rançon pour leur liberté. Un sort pareil nous fut épargné et nous nous embarquâmes à bord d'un vapeur roumain en destination de

(1) Autour de la Méditerranée.

Constantinople. Nous passâmes Mitylène pendant la nuit et dès l'aube nous nous trouvâmes sur le pont pour voir le passage des Dardanelles, où des forts turcs sont installés de façon à repousser toute attaque du côté de la mer, contre l'ancienne capitale du monde. En sortant des Dardanelles, il n'y avait plus que la mer de Marmara qui nous séparât de Constantinople; cette ville apparut enfin à nos yeux vers midi.

Je ne me risque pas à une description de Constantinople. L'étranger venant ici pour la première fois doit dévider un programme obligé. Nous jouîmes du panorama de la ville et des environs, du haut de la tour de Galata. L'édifice de l'Ambassade russe ressemble à une petite citadelle. Nous voyons les nombreuses mosquées et nous en visitons quelques-unes ainsi que le musée avec le soi-disant sarcophage d'Alexandre, mis au jour près de Sidon. Un numéro de notre programme comprenait une excursion en bateau sur le Bosphore jusqu'à l'entrée de la mer Noire. La veille de notre départ, nous fîmes une promenade à cheval le long des murs de Byzance, qui assez bien conservés, en certains endroits, ont visiblement souffert non seulement des sièges mais aussi des tremblements de terre. Nous descendîmes du cimetière d'Eyoub vers la Corne d'or et nous rentrâmes à l'hôtel par Stamboul.

Je fis une visite au grand-rabbin de Constantinople. Les lois turques reconnaissent une indépendance largement mesurée, aux communautés juives, sous le gouvernement de leurs grands-rabbins. Le grand-rabbin (Chacham-Bashi) est fonctionnaire turc.

Le Chacham-Bashi de Constantinople est un vieillard impotent (1) qui écoute avec un visible intérêt ce que je lui raconte des colonies juives en Palestine. Il ne me paraît pas édifié des établissements scolaires de l'Alliance israélite, en Orient. Il

Sur le Bosphore.

dénigre le système français qui lui semble trop moderne. En ceci il me paraît aller trop loin, oubliant tout le bien accompli par l'Alliance.

La légation hollandaise nous procura l'admission au Sélamlik, la revue à laquelle seules prennent part les troupes d'élite tous les vendredis quand le sultan se rend à la mosquée. Un brillant

(1) Remplacé depuis par un homme plus jeune.

spectacle militaire. Sa Majesté passe aux acclamations des troupes. En vue d'attentat possible, les spectateurs sont tenus à distance respectueuse. La peur des attentats contre la vie du Sultan chez les personnes responsables, a fait naître un système d'espionnage excessivement compliqué, exerçant une contrainte permanente sur la population de Constantinople. Le gérant d'une grande maison de commerce m'apprit que ce régime compressif, la conscience d'être ligoté et la crainte de se prononcer librement, causaient des préjudices sérieux aux relations commerciales. La cérémonie du Sélamlik fut la clôture de mon voyage en Orient; la cloche du départ sonnait et le même jour l'Orient-Express nous transportait vers nos foyers. Mon voyage s'était accompli au gré de mes désirs, reconnaissant et heureux, j'allais retrouver les miens en bonne santé après plus de trois mois d'absence.

Je présente ici aux différents représentants de la Hollande en Turquie, mes remercîments les mieux sentis pour leur complaisance toutes les fois que j'ai eu recours à leurs conseils ou à leur entremise.

C'est le grand mérite du baron Edmond de Rothschild d'avoir ouvert son cœur et sa bourse à la colonisation juive de la Palestine. Il a éprouvé beaucoup de déboires, surtout parce que les gens en qui il avait mis sa confiance, s'en sont souvent montrés indignes. C'étaient bien ses administrateurs qui se trouvaient à la tête des colonies, mais le contrôle était insuffisant. Aujourd'hui encore, on parle en Palestine, des nombreuses fautes de la vicieuse administration précédente. Longtemps il a semblé que cet essai de colonisation dans l'ancien pays juif avait échoué, et maint autre aurait jeté le manche après la cognée. Quand Rothschild reçut la funeste nouvelle que le phyloxéra ravageait les vignes de Sichron Jacob, son premier mouvement fut de télégraphier à l'Administration : « Rassurez les colons ». Ces simples paroles qualifient Rothschild même, elles contenaient la promesse : « Je maintiendrai ». Il faut reconnaître que Rothschild a royalement tenu ses promesses car c'est lui qui a sauvegardé de la ruine la colonisation juive en Palestine.

Quand en 1882, après les grandes persécutions juives en Russie, un petit groupe de juifs russes se mit en route pour la Palestine, pour y acheter des terres et y construire des maisons, ils s'établirent aux environs de Jaffa, là où, à présent, prospère la colonie de Rischon-le-Zion. Ils s'aperçurent bientôt qu'ils ne pouvaient subsister sans secours. Tout d'abord, ils manquèrent d'eau. Pour y pourvoir, Rothschild mit trente mille francs à leur disposition. Après avoir creusé longtemps, on trouva enfin de l'eau et cette découverte fut reçue avec une joie sans pareille. De pur enthousiasme on la but telle quelle, encore mêlée de sable. On se mit à cultiver de l'orge et du blé, mais les premières moissons ne furent pas satisfaisantes. Rothschild ne se désintéressa pas de la colonie, il fit prendre des renseignements sur les lieux. Le résultat fut encore un don de trois cents mille francs; Rothschild mit successivement des sommes à la disposition d'autres colonies ; il arriva des administrateurs et des directeurs parmi lesquels il y en eut qui avaient pour but principal leur prompt et propre enrichissement. Rothschild fut volé de tous côtés, les frais augmentaient à l'infini et les colonies dépendaient complètement du bon plaisir des administrateurs.

Les colons s'étaient bientôt adonnés à la culture des vignes et pour cela ils avaient pris les espèces indigènes qui réussissent si bien en Palestine. Ils se souvenaient d'ailleurs de cette seule grappe que deux hommes devaient porter à l'aide d'un support ! Mais l'administration leur fit arracher les vignes pour les remplacer par du raisin français. Puis, après réflexion, on se dit que du moment où l'on cultivait principalement les vignes dans les colonies, les vins les plus fins rapporteraient le plus de profits ; et, de nouveau, on extirpa les vignes pour planter de meilleures espèces françaises.

Les résultats ne répondirent guère à l'attente. Les colons recevaient du raisin un prix fixé par l'administration. Mais on ne parvenait pas à trouver un marché pour le vin et les caves de la colonie s'emplissaient outre mesure. On fut forcé de baisser à plusieurs reprises le prix que recevaient les colons ; évidemment, cette situation ne pouvait durer. La faute résidait en ce qu'on s'était surtout appliqué à la viticulture sans se rendre compte en même temps, qu'aussi longtemps qu'on n'aurait pas pour le vin un débouché assuré, les colons ne pourraient mener une existence indépendante.

Les rapports entre l'administration et les colons laissaient beaucoup à désirer. Ainsi, par exemple, dans la colonie d'Ekron, les colons, des cultivateurs de la Russie méridionale qui voulaient labourer la terre, se querellaient tout le temps avec les Administrateurs qui les obligeaient à affruiter les terrains. Les colons purent enfin agir à leur guise et ils s'en trouvent bien aujourd'hui.

Malheureusement toutes les déceptions furent mises sur le compte du terrain. On disait que rien n'y réussissait, tandis que la faute tenait uniquement à l'Administration peu judicieuse, souvent gaspilleuse, qui dessinait des jardins d'agrément et des parcs, pour le simple entretien desquels l'argent manque aujourd'hui.

Il n'est pas étonnant qu'un régime pareil eût une influence néfaste sur la moralité des colons, qui, petit à petit, en vinrent à considérer comme allant de soi l'obligation de Rothschild de secourir toutes leurs misères. Ainsi dans le temps on installa dans la colonie de Rosch-Pinah, une filature de soie et l'Administration d'alors fit venir de France des machines dispendieuses. Mais la fabrique dut bientôt être fermée, parce que les colons refusaient leur collaboration. Ils étaient trop paresseux et plutôt que de faire leur possible pour s'assurer de beaux gains supplémentaires par l'élevage de vers-à-soie, ils préféraient vivre dans la fainéantise, se fiant au tout-puissant Rothschild pour leur procurer le nécessaire. Actuellement, un meilleur esprit règne dans les colonies ; les colons qui ne veulent pas travailler, disparaissent les uns après les autres. On parle même de rouvrir la filature de Rosch-Pinah,ce qui n'est naturellement possible que pour autant que les colons fournissent des cocons en suffisance.

Les colons de Jemma, où le sol est très productif, ne donnèrent pas non plus un bel exemple. On y avait établi une conduite d'eau de façon assez négligente ; la fuite d'eau formait des mares près de la colonie. On croirait que les colons se seraient empressés de réparer les tuyaux, surtout quand l'état sanitaire, excellent jusqu'alors, changea du tout au tout; point. On convoqua des assemblées qui conclurent que c'était à Rothschild de remédier au mal.

Partout, on a trop aplani les difficultés premières pour les colons. Ils trouvèrent en arrivant des maisons meublées et même des outils. Les alouettes rôties leur tombaient du ciel. On leur dit exactement ce qu'ils avaient à faire. Ils n'apprirent pas à se suffire à eux-mêmes et bien peu devinrent des cultivateurs habiles et indépendants. Des différends à propos de limites et les procès qui s'en suivaient étaient à l'ordre du jour. Dans l'espoir qu'une Administration nouvelle marquerait l'avènement d'un esprit nouveau, Rothschild, qui avait dépensé plus de quarante millions de francs dans l'espace d'une vingtaine d'années pour les colonies, les remit en fin de compte sous la gestion de la Jewish Colonisation Association. Mais, quand la situation loin de s'améliorer, empira sous ce nouveau régime, en ce sens que les pertes ne faisaient que croître, Rothschild consentit au partage de la terre entre les colons, à des conditions avantageuses et à ce qu'ils obtiendraient successivement la propre direction des affaires intérieures. Alors les colons remplacèrent en partie les vignes par des plantations d'orangers et d'amandiers. On cultiva de l'orge et du blé ; on planta des oliviers et, relativement en peu d'années, les petites serres philantropiques se transformèrent en des colonies viables pouvant du moins se suffire à elles-mêmes. Le rapport annuel de la Jewish Colonisation Association reconnaît, sans équivoque possible, ce meilleur état de choses. Il y est dit: « Le meilleur esprit règne parmi les colons, ils commencent à comprendre qu'il est possible de vivre modestement, en Palestine, des produits de la terre, sans avoir toujours besoin de secours d'argent ». Et autre part : « Les colons payent régulièrement les annuités pour l'acquit de leurs dettes envers l'Administration, ils sont zélés et entreprenants. » Cela sonne autrement bien que les comptes-rendus des années précédentes. D'ailleurs, ce n'est pas seulement Rothschild qui a dû payer les pots cassés pour ceux qui le représentaient. Il y a de nombreux exemples de gaspillage dont je veux encore en citer un. Quand en 1891, les juifs furent expulsés en masse de Moscou, plusieurs familles aisées envoyèrent des fonds en Palestine pour y acheter des terrains. Mais leur représentant parut insuffisamment au courant des difficultés existantes pour l'acquisition de terres par les étrangers. Après que le prix de vente eut été payé et que beaucoup d'argent eut passé en bakshish, on découvrit que la terre ne pouvait être transférée au nom des acheteurs.

Ce sont là les pages sombres de l'histoire des premières années de la colonisation juive en Palestine. Cependant, si à cette heure, on faisait l'addition des valeurs représentées par tout ce qui se trouve dans les colonies : le pays aujourd'hui alimenté d'eau, les grandes orangeries, les vignobles, les bois d'oliviers, les jardins maraîchers, les habitations, les caves à vins et tous les autres immeubles, tout compte fait dans les différentes colonies où, environ huit mille personnes trouvent des moyens d'existence, on verrait que malgré les nombreuses déceptions, on obtiendrait une valeur équivalente aux millions de Rothschild.

La Colonie de Rechoboth.

Les colonies sont régies par des Comités élus par les colons. Un tel Comité règle les différends qui se présentent ; police, soldats et prisons sont toutes choses inconnues dans les colonies.

Le président du Comité est généralement en même temps le « Muktar » un fonctionnaire turc. Nous le nommerions bourgmestre. Son devoir principal est de soigner la rentrée ponctuelle des impôts dus à l'État. La dîme, nommée « Osher » n'en fait pas partie. Le Osher est la contribution foncière qui exige la dixième partie du rapport. De fait, cette dixième partie a été officiellement portée à la huitième, mais en réalité, les fonctionnaires exigent souvent bien davantage. Le malheur est que le Osher étant affermé la plupart du temps, les affermataires et leurs acolytes extorquent la population. On comprendra facilement comment cela se pratique, quand on saura que le paysan ne peut rentrer ses moissons avant que l'affermataire de l'Osher en ait fixé la valeur. Si ce dernier est un coquin, ce qui arrive fréquemment, il surestime largement les moissons. Le paysan doit acquiescer la plupart du temps, car si on l'empêchait de rentrer ses moissons, il courrait le risque de grands dommages.

D'ailleurs quand l'impôt de l'Osher n'est pas affermé, la situation n'en est pas meilleure, en général. Quoique d'après la loi turque, on doive notifier au chef d'une commune contribuable, la taxe imposée à la dite commune, et que chaque commune est libre de payer ses contributions en deniers comptants ou en nature si elle le préfère, dans la pratique, on tient peu compte des préférences de la population. En général, les fonctionnaires exigent le payement en argent comptant des impôts exorbitants. Si un village se montre récalcitrant, des arrestations illégales ont lieu, éventuellement les gens sont malmenés sans pitié.

Les fonctionnaires ne craignent pas même d'enlever de force les sceaux aux Cheiks et de s'en servir en leur présence et malgré leurs protestations, pour signer l'engagement de payer les contributions imposées aux villages.

Appliqué de cette manière l'impôt de l'Osher est une vraie malédiction et il est arrivé que les paysans préféraient laisser leurs terres incultes plutôt que de céder à la rapacité des fonctionnaires.

Il existe, en outre, une loi turque qui arrête que les terres en jachère pendant trois ans, sont annexées par l'Etat. J'ai ouï dire à des personnes au courant de la situation en Turquie que les lois sont loin d'être mauvaises et qu'elles pourraient devenir une bénédiction pour le pays, si elles étaient exécutées impartialement.

Le développement de l'agriculture tient de près à l'ordonnance de la question de l'Osher; on devrait tâcher de mener l'arrangement en ce sens, que le gouvernement se contentât d'un montant fixe par Dunam (11 1/3 Dunam = 1 Ha.) en prenant comme base le revenu moyen des cinq dernières années. En l'état de choses actuel, il est clair que l'initiative privée ne se décide pas à des améliorations coûteuses. Cependant les terres environnant les villes sont généralement bien entretenues, mais à l'intérieur le laisser-aller est des plus déplorables. La terre appartient à des Fellahs, à des tribus bédouines et en grande partie au Sultan. La terre n'est pas chère, même en comptant l'inévitable bakshish au moyen duquel on obtient sans trop de lenteurs le transfert au nom de l'acquéreur. Le sol est généralement fertile quand il est bien soigné. Les colonies juives et allemandes en sont la preuve. Les côtes sont souvent propres à la plantation et à tout moment on retrouve des traces de cultures antérieures, telle que des terrasses délabrées ayant servi dans les siècles écoulés à consolider la terre et à retenir les eaux. Jusqu'à présent, personne ne se soucie de dépenser un sou pour remettre les terrasses en bon état. Cependant, depuis quelques dizaines d'années, on a, dans diverses parties de la Palestine, remis les terres en culture et les résultats démontrent que tous les contes d'aridité et de stérilité ne reposent sur aucune base solide, qu'au contraire il y a tout lieu d'admettre que la Palestine est un pays fertile par excellence. Que la terre ne produit-elle pas ? de l'orge et du forment, des fèves, des olives,

Bois d'oliviers.

des oranges, du raisin, des abricots, des amandes, du coton et du tabac. Les agronomes Bermann et Aaronsohn ont découvert près de Tibériade du froment primordial, encore une preuve que le froment est un produit indigène. On trouve aussi le papyrus dans différentes parties de la Palestine. Une colonisation judicieuse et sagement dirigée tiendra compte de tout cela et aura soin, plus que par le passé, de cultiver surtout les produits qui trouveront un débouché assuré. Le succès en ce cas n'est pas douteux et les déceptions d'autrefois ne se renouvelleront plus.

En premier lieu, le marché égyptien est tout indiqué pour les produits de la Palestine. On peut être certain que les raisins cueillis aujourd'hui dans les colonies juives garniront demain les tables du Caire ; la culture des raisins de table prouvera ne pas être plus onéreuse que celle des raisins à vin.

Il me semble que pour ceux qui désirent acquérir des terres en Palestine, le moment est venu de se décider. Surtout pour ceux qui sont à même de labourer eux-mêmes ou qui peuvent surveiller le labour. La question de l'Osher reste naturellement une difficulté, mais cette question une fois résolue et après l'obtention d'autres améliorations importantes, on peut admettre sans contredit, que le prix de la terre haussera de plus du double de ce que l'on en demande aujourd'hui.

Il faut aussi considérer que la terre a été complètement laissée à l'abandon et pour qu'à l'avenir, elle donne des moissons abondantes, il faudra pendant de longues années, se décider à des améliorations coûteuses, mais indispensables. Le pays, tel qu'il est, ne peut pourvoir aux besoins d'une nouvelle population si celle-ci affluait en masse dans un laps de temps rapproché. Le cas serait autre, si l'on pouvait disposer de capitaux suffisants pour entreprendre de vastes travaux, embrassant beaucoup de choses, comme le drainage, des travaux d'irrigation, construction de routes et boisement. Les marécages disparaîtraient, remplacés par une terre fecondée par l'eau, source de toute vie. Je crois que la question de l'irrigation n'offre pas de difficultés insurmontables, en Palestine. Il y a de nombreuses sources dans les montagnes dont l'eau coule en partie vers la mer tandis que le reste se perd dans des marais. La pluie tombe abondamment en hiver, mais on n'en tire aucun profit. J'ai vu comment l'eau emporte vers la plaine la terre fertile des côteaux. Il se forme des mares qui, durant les mois d'été, s'évaporent partiellement ou entièrement et qui répandent des fièvres aux alentours. Toute cette eau, à présent perdue, pourrait être conservée dans des réservoirs et de là, menée aux champs. Ce serait un bienfait en été ; mais, même à l'époque de la sécheresse, la nature aide encore le laboureur. La nuit, il tombe une rosée si abondante, qu'elle dédommage, en grande partie, de l'absence de pluie.

On peut aussi amener l'eau à profusion aux contrées arrosées par le Jourdain, depuis le lac de Tibériade jusqu'à la mer Morte. Cette seule partie du pays suffirait à nourrir une population ; maintenant le sol n'est cultivé que çà et là. Qu'on se représente cette vallée entière avec, au sud, sa végétation subtropicale, bien alimentée d'eau et rendue propre à la culture intensive. Elle deviendrait l'artère principale de la Palestine, propageant l'animation et la prospérité du Nord au Sud !

Qnand je parcourus le pays au mois de février, on labourait activement pour l'été. Les Arabes labourent généralement de la façon la plus primitive et pas assez profondément ; ils alternent d'une année à l'autre le sésame ou les melons avec l'orge et le froment.

Souvent, on attelle devant la charrue un bœuf et un âne, parfois un chameau. Vu pour la première fois, le tableau est curieux : un animal de cette taille marchant majestueusement devant une charrue petite le plus souvent. Le spectacle devient comique quand à côté du chameau un âne est attelé. Je me suis laissé dire, que l'Arabe, par économie, attelle volontiers sa femme à côté du chameau, mais cela, je ne l'ai pas constaté de visu.

Les Arabes possèdent aussi des plantations d'orangers et d'oliviers, mais leurs jardins sont loin d'être aussi beaux que ceux des juifs et des Allemands. Une toute petite partie seulement de la Palestine, à peine 2 % est entre des mains juives, tandis que les juifs nombrent au-delà de 100.000 sur une population d'environ 700.000 âmes. Cette disproportion est due à l'agglomération du prolétariat juif dans les villes telles que Jérusalem, Tibériade et Safed.

Cependant Rothschild possède encore 20.000 dunams de terrain près de Tibériade et 60.000 dunams de terres supérieures dans le Haouran, mais on a dû les affermer à des Arabes, parce que les laboureurs juifs manquaient. C'est le grief le plus sérieux que nous ayons contre l'ancienne Administration, coupable de n'avoir pas élevé une jeune génération de paysans, qui ne se rencontre maintenant en Palestine, qu'à l'état sporadique. D'ailleurs, pour les terres de Tibériade et du Haouran, on trouverait facilement des amateurs parmi les cultivateurs juifs de Russie, expulsés ces dernières années de la terre occupée par eux, de génération en génération. Mais il est impraticable d'amener les gens sur des terres incultes, on doit d'abord y installer des fermes avec leurs dépendances, mais tout cela exige de grands capitaux et la fortune même d'un Rothschild est limitée.

D'autre part, on doit se garder de retomber dans les fautes du système précédent en facilitant trop les choses pour les colons. C'est un trait de la nature humaine, de s'attacher particulièrement à ce qui lui a coûté beaucoup de peine, de temps et d'argent. C'est surtout une caractéristique juive. Nous devons en tirer parti quand nous fournirons les moyens pour remettre la terre en bon état et pour construire les bâtisses simples nécessaires à l'agriculture ; nous devrons exiger que tout ne vienne pas d'un seul côté, que les laboureurs y mettent du leur en employant ce dont ils disposent, à l'amélioration du sol. Ils devraient, en même temps, s'engager pour des payements réguliers, contre lesquels ils deviendraient, après un certain temps, propriétaires des terres qu'ils cultivent. Cette perspective excitera plus sûrement l'activité des colons, que l'ancien système d'amodiation. Ce sera pour eux un stimulant qui les empêchera de jeter le manche après la cognée aux premiers déboires qui pourraient survenir.

Le cas s'est souvent présenté que des familles juives de la Russie, s'adressaient à des personnes ou à des Institutions en Palestine, parce que, voulant s'établir au pays juif, elles payeraient d'un bon prix des terres mises en culture où se trouveraient des habitations et des étables. J'appris que le prix de 200 dunams, en comptant les frais d'amélioration, de plantation et d'entretien pour une période de cinq ans s'élèverait environ à quinze mille florins et, après ce laps de temps, une famille de huit personnes pourrait vivre à l'aise du rapport de la terre. On trouverait toujours des journaliers juifs ou arabes pour les travaux nécessaires.

Qu'à l'Est de l'Europe, l'initiative privée commence par acquérir des terres en Galilée, par exemple. Le sol y est exceptionnellement propre à l'agriculture et l'on y a déjà entrepris la construction de chemins de fer. On trouve des terres supérieures dans les colonies juives près de Tibériade. Je ne vis ni beaucoup d'élevage de bétail ni de produits lactés ; ces professions sont surtout exercées dans les colonies allemandes de Sarona et de Wilhelma et dans la colonie juive Sedjerah.

Que les juifs russes et roumains disposant de fonds suffisants, achètent seulement des terres en Palestine et s'y établissent. Leurs personnes et leurs biens y seront autant en sûreté que dans leur résidence actuelle ; l'entente entre juifs et musulmans est généralement bonne, à ce que l'on m'a dit. Il est arrivé plusieurs fois dans les colonies juives, qu'à l'occasion de litiges entre juifs et Arabes, ces derniers préféraient se soumettre aux décisions du Comité juif plutôt que d'en appeler aux juges turcs.

Des persécutions juives telles qu'elles eurent lieu en Russie et en Roumanie, ne sont pas à craindre, sous un bon gouvernement, de la part de la population musulmane, quoiqu'il ne soit pas impossible que, se souvenant du « diviser pour régner » les fonctionnaires turcs trouvent utile à un moment donné, d'exciter la population arabe contre les juifs. Ceux qui veulent se fixer en Palestine, ne peuvent perdre de vue cette éventualité. Un gouvernement juif autonome, solidement établi sous la suzeraineté turque, pourrait seul à la longue, garantir la sécurité publique.

La première chose à faire est d'obtenir l'abolition de la défense faite aux juifs de s'établir en Palestine ; il est vrai qu'on n'observe pas strictement cette défense, mais des fonctionnaires malintentionnés pourraient en faire usage comme moyen de se procurer du bakshish et il vaudrait mieux que cette affaire fût formellement réglée.

La dite défense, par l'intervention des Puissances européennes,

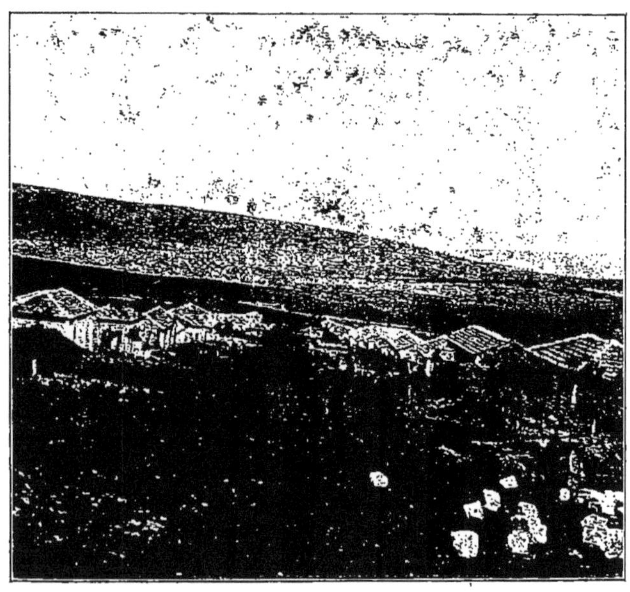

La Colonie de Melhamié.

fut mitigée en ce sens que les « pèlerins » pouvaient visiter le pays et y séjourner pendant trois mois. Les passe-ports que ces « Pèlerins » avaient en leur possession — et jusqu'ici on considérait comme tels, sans exception, les juifs immigrants russes — leur étaient repris à leur arrivée par les Autorités turques;

en échange on leur donnait des passe-ports rouges valables pour un séjour de trois mois. Ces émigrants russes n'étaient pas seulement admis sans difficulté aucune, mais jusqu'à présent, tous ceux qui, par la suite se sont fixés pour de bon en Palestine, n'ont jamais été molestés.

Quand donc les émigrants aisés s'établiront en Palestine, naturellement après s'être renseignés au préalable, relativement à l'achat de terres, les moins fortunés pourront également émigrer plus tard, et fût-ce, au début, comme journaliers, ils gagneraient leur pain plus facilement qu'aujourd'hui.

Plus le sol de la Palestine deviendra propriété juive, plus il sera labouré par des paysans juifs, et d'autant plus vite le problème juif sera résolu. Puisse à l'heure propice, la fortune privée juive du monde entier se placer, du moins en partie, en terres en Palestine ! Nous sommes encore bien loin de l'idéale possession commune de la terre ; différents essais dans ce sens n'ont pas abouti à des résultats satisfaisants. Je ne me figure pas le paysan juif meilleur ou plus tolérant que ses confrères d'autre nationalité. Il nous faudra voir comment la propriété foncière privée se développera en Palestine. Peut-être sera-t-il possible dans la suite, de réduire en unités, les terres arables, les terres jardinières, les pâturages, etc. et de les classer selon la qualité. De plus, il faudrait arrêter le total fixe des unités que chacun pourrait posséder, tout en tenant compte des familles nombreuses et en permettant l'association de plusieurs personnes. La question mérite un examen sérieux qui démontre s'il est possible de faire œuvre pratique en ce sens et qui indique en même temps les mesures à prendre pour éviter les fraudes sur une grande échelle.

Il est de toute évidence que la colonisation juive en Palestine doit trouver son point d'appui dans un noyau de cultivateurs, autour duquel tout le reste se grouperait. Il est donc indispensable de propager de toutes nos forces l'agriculture, la génération qui pousse doit être élevée de façon à produire des laboureurs intelligents. Il nous faut des écoles agricoles en Palestine, elles ne manqueront certes pas d'élèves et les meilleurs d'entr'eux deviendront nos professeurs de demain.

On recrutera facilement d'excellents apprentis laboureurs parmi les juifs de la Palestine ! Certaines colonies en sont la preuve ; les colons piochent ferme et ils prospèrent. Et par cela même qu'ils prospèrent, leur exemple est suivi de plus en plus. J'ai beaucoup appris l'histoire de la colonisation juive en Palestine, d'un consul habitant Jaffa, qui en a suivi le développement dès le début. Ce consul, enfant du pays, énonça son avis, contraire à l'opinion courante de la nature juive, et d'après lequel le juif est dûment qualifié pour les travaux rustiques, son travail étant des meilleurs. Il va de soi que ceux venus d'autres régions et n'ayant pas l'habitude des travaux manuels, sont influencés par le climat. Pour ceux-là, la transition est trop grande, souvent ils n'ont pas la force nécessaire aux lourds travaux. Mais l'expérience enseigne que pour la nouvelle génération, déjà plus vigoureuse, le climat ou n'importe quelles autres circonstances, n'offrent plus d'obstacles. Il y a d'ailleurs en Palestine et dans les pays avoisinants, des juifs arabes indigènes qui y habitent de temps immémorial. En

Allée du Carmel.

particulier, les juifs venus de Yémen au sud de l'Arabie. On doit posséder des notions exactes du pays et des gens, pour les distinguer des autres Arabes.

Je comparerais volontiers le peuple juif au pays juif. L'un autant que l'autre est toujours l'intègre, le merveilleux, le beau et le fécond. Tous les deux sont isolés et abandonnés et tous les deux se trouvent sous une domination étrangère. La nation juive a aussi ses champs en jachère, son aridité, ses bourbiers et ses marécages pestilentiels. Mais, Dieu merci, elle a aussi ses fleurs et ses fruits et telle l'eau toujours revivifiante du pays juif, telle l'âme juive ranime toujours la vie et l'énergie du peuple juif en lui rendant ses capacités productrices. La nation possède encore ses forces intimes et elle entreprend sa régénération qui marche de pair avec la résurrection de son pays. Quoiqu'étant toujours le peuple au col rebelle, il n'en est pas moins un peuple qui peut être guidé. Autant on doit travailler la terre pour l'amender, autant nous devons travailler à notre propre relèvement, hors des bourbiers et des marécages qui nous menacent d'asphyxie.

Jérusalem compte 75000 habitants, dont les deux tiers environ sont juifs et la grande majorité mène une existence de parasite aux dépens de leurs frères vivant hors de la Palestine. Ils sont secourus par la « Chalukah ». Par elle, on entend les cotisations des communautés juives du monde entier, envoyées en Terre sainte. A l'origine, ces fonds permettaient aux gens pieux de se vouer complètement au pays juif, à l'étude religieuse juive ; mais quoiqu'encore suivie à la lettre, l'esprit de cette œuvre vénérable s'est perdu et elle a dégénéré en aumônes qui corrompent le caractère national.

Chaque pays a ses propres assistés ; la Hollande également. La « Chalukah » hollando-allemande envoyée à Jérusalem par l'Administration d'Amsterdam, est loin d'atteindre le total de celles de la Russie, de la Hongrie et d'autres pays. En revanche, il y a en Palestine peu de juifs d'origine hollandaise ou allemande. Cela fait que ceux qui profitent de la Chalukah hollandaise ont de plus gros revenus que la plupart de leurs confrères d'autre nationalité. En outre, on tient compte, pour le partage de la Chalukah, du nombre de membres de la famille. Plus il y a d'enfants, plus la part de Chalukah est grande. Tel que le partage se fait aujourd'hui, il n'est pas rare de voir des gens recevoir leur part, qui pourraient facilement s'en passer. Ce sont des revenus fixes sur lesquels on compte et à Jérusalem on considère la part de Chalukah comme un moyen d'existence qui en vaut un autre. Si l'auteur de ce livre se fixait à Jérusalem avec sa femme et ses cinq enfants pour se consacrer à l'étude du Talmund et de la Thora, il aurait le droit d'exiger sa part de Chalukah et le montant qu'il recevrait suffirait à l'entretien d'une famille bourgeoise. Mais il serait obligé d'envoyer ses enfants à l'école de Talmud-Thora où ils seraient privés de culture générale. Je reviendrai à ces écoles aux pages suivantes, entretemps je dois mentionner des cas où l'on a refusé leur part de Chalukah à des parents réellement nécessiteux, parce que leurs enfants fréquentaient d'autres écoles. Il est certain que de telles conditions nourrissent l'hypocrisie et la tartuferie tout en démoralisant la population de Jérusalem.

On remarque dans ces derniers temps qu'on aspire à une meilleure administration des fonds de la Chalukah. Ainsi, les Administrateurs de la Chalukah hollando-allemande décidèrent l'installation à Jérusalem, d'un bureau chargé d'un partage plus systématique des fonds et de la propagation du travail parmi la population juive.

En nous occupant de la question Chalukah, nous devons, en même temps, prêter notre attention au « Schnorr », système en usage à Jérusalem. On mendie en grand à Jérusalem et avec succès. Le monde entier sert comme champ d'opération, il est systématiquement envahi par des demandes d'aumônes souvent accompagnées d'objets en bois d'olivier, de fleurs séchées, etc. C'est une spéculation sur l'attachement juif à la Terre sainte et l'expérience a démontré que la chance l'emporte souvent sur la malchance. Car, bien qu'on ignore la plupart de ces requêtes, celles qui atteignent leur but indemnisent amplement les frais d'exploitation. De cette façon, on gaspille annuellement, rien que pour le port, des centaines de mille francs. Cela n'est pas de l'exagération et est bien su à Jérusalem, ce n'est pas non plus un secret que les dons, dus à la générosité de nos frères du monde entier, disparaissent dans les poches des mendiants de profession. Le métier que je viens de dépeindre n'est pas qu'exercé individuellement par les mendiants, pas plus que les juifs en ont seuls le monopole. Une grande partie des autres habitants de Jérusalem le pratiquent, ainsi que beaucoup d'« Œuvres de Charité » plus ou moins importantes dont la ville sainte est si abondamment nantie. Plusieurs de ces œuvres doivent leur existence à ce genre de « Schnorr ». Et parmi ceux qui les dirigent, il y en a qui pratiquent d'une façon supérieure le proverbe : « Charité bien ordonnée commence par soi-même. »

On ne pourra évidemment pas supprimer du coup le système

de la Chalukah ni du Schnorr. Ce ne serait pas non plus judicieux; alors, en effet, des centaines de familles périraient de faim et de misère. Mais il est très bien possible de donner peu à peu une autre destination aux fonds de la Chalukah et d'arriver par la suite à la suppression totale des principes régnants.

Quand je me trouvais à Jérusalem à la fin de février 1907, la communauté juive était en effervescence à propos de la nomination d'un nouveau grand-rabbin. M. Antébi, l'actif directeur de l'école professionnelle de l'Alliance israélite, s'était beaucoup remué pour assurer l'élection du rabbin Jacob Méïr. J'ai eu l'avantage de faire connaissance avec ce rabbin, que j'ai trouvé être un homme d'éducation distinguée et de grande science, tout animé du désir de remédier au mauvais état de choses existant à Jérusalem. L'opposition, qui ne voulait pas entendre parler de changement, intrigua contre Jacob Méïr, même à Constantinople où on le représenta comme « dangereusement moderne » auprès du Chacham-Bashi d'alors, qui était dans les grâces du Sultan. L'opposition coalisée triompha; l'élection déjà faite de Jacob Méïr, comme grand-rabbin de Jérusalem, ne fut pas ratifiée par le Sultan. Apparemment plus tard, le vent tourna en faveur de Jacob Méïr, car j'appris, vers la fin de 1907, qu'il venait d'être nommé grand-rabbin de l'importante communauté de Salonique.

Si nous voulons secourir le peuple juif et cela au pays juif, nous devons commencer par les juifs qui y sont déjà établis. Nous devons profiter de l'expérience de ceux qui, dans le même but que nous, ont été activement à l'œuvre depuis des années. Nous savons maintenant que, ni les aumônes, ni la censure continuelle d'une Administration tracassière ne sont les moyens propres au relèvement de la population juive. On n'atteindra pas non plus ce but en fondant, à la légère, toutes espèces d'Institutions. Là aussi, nous possédons l'enseignement de l'expérience. Nous l'avons vu par la filature de soie de Rosh-Pinah, dont les résultats furent à peu près aussi nuls que ceux d'une manufacture de bouteilles, pour laquelle Rothschild avait fourni les fonds. Il en fut de même pour la viticulture forcée qui ne réussit que depuis peu de temps. Le tout avait été mis sur pied trop théoriquement, sans avoir compté avec les nécessités réelles. Actuellement, on découvre le salut dans la culture des oranges et elle paraît mener au succès. Il me semble cependant qu'on a cédé trop vite à la pression occasionnée par les bas prix du vin et qu'on s'est trop hâté d'extirper les vignes. Les petits propriétaires n'ont pu se le permettre, car l'installation d'une orangerie est dispendieuse. Peut-être dans l'avenir seront-ils heureux d'avoir conservé leurs vignes.

Notre tâche, en Palestine, est de rendre autant que possible la population juive indépendante et dans cette intention, il me semble que notre ligne de conduite doit être tracée sur l'appui de l'initiative privée. Quand les gens peuvent parvenir par leurs propres moyens, nous devons être doublement circonspects et ne pas créer des situations et des remèdes artificiels qui, malgré la meilleure direction, ne peuvent exercer qu'une influence démoralisatrice.

Nous devons aussi tenir compte des aptitudes individuelles. Tout le monde n'est pas capable de travailler aux champs ; nous devons aussi favoriser le commerce et l'industrie. Toujours pour autant que ceux qui s'y livrent restent dans les bornes. Car la Palestine n'est pas mûre pour des établissements industriels, tels que notre société moderne les réclame ; ils seraient déplacés là-bas et il n'en résulterait que des déboires. Provisoirement, la petite industrie répondra amplement aux besoins de la population. Il va de soi qu'en Palestine, aussi bien que partout ailleurs, on court certains risques, mais exploitées avec intelligence, les entreprises industrielles et commerciales ont toute chance de réussir et elles seraient soutenues, selon leur solvabilité, par l'Anglo-Palestine Company.

L'école d'art industriel Bézalel, à la fondation de laquelle les Sionistes ont pris une part active, fera de la bonne besogne, quand à l'égal de l'école professionnelle de l'Alliance israélite, elle formera des artisans capables en leur inculquant en même temps le goût des arts. On n'a pas été assez modeste lors de la fondation de l'école Bézalel, à la tête de laquelle se trouve le Professeur Boris Schatz, qui se voue cœur et âme à sa tâche. On s'y est appliqué tout de suite à la fabrication des tapis et il me semble que les déceptions ne se feront pas attendre, quand il faudra se faire une place sur le marché mondial déjà encombré de tapis d'Orient.

Quoique n'ayant pas épargné, dans les pages précédentes, les critiques à ce qui a été créé jusqu'à présent sous le rapport de la colonisation juive en Palestine, j'ai voulu en même temps constater la présence d'une base solide qui ne demande qu'une extension progressive, à laquelle extension il faudra ouvrir un large crédit.

Sans l'établissement de crédit sur une vaste échelle, l'introduction de nouvelles branches d'agriculture et conséquemment l'acquisition des machines les plus perfectionnées, l'organisation de débouchés pour les produits et tout ce qui s'y rapporte, deviendraient impossibles.

Si, jusqu'ici, le crédit accordé à des particuliers individuellement, entraînait trop de risques, ces risques deviendraient minimes du moment que les individus se grouperaient en Associations coopératives. Il faut, en premier lieu, des Caisses d'Emprunt d'après le système connu des banques Raiffeisen. Les prêts de ces banques sont garantis par la responsabilité personnelle et solidaire des membres. Les sociétés pour l'achat commun d'articles de consommation, de graines, de machines et de matériel de culture, ne sont pas moins populaires que les Caisses d'Emprunt.

L'Anglo-Palestine Company s'est efforcée dès le début, à propager ce mode de Sociétés coopératives en Palestine. Elle a réussi à fonder 18 de ces sociétés ces dernières années, à savoir : 14 sociétés d'agriculture et 2 pour les articles de consommation dans les colonies juives, une Association de charpentiers et une Caisse d'Emprunt à Jaffa, comptant toutes réunies 696 membres. A ces 696 personnes il a été prêté en 1907 492000 $ et de ce montant il a été remboursé la même année 230000 $. On n'a essuyé aucune perte.

Quoique la plus grande partie des fonds de l'Anglo-Palestine Company serve à des opérations de banque, aux comptes-courants des commerçants, des industriels et des cultivateurs solvables, la Direction doit au surplus pouvoir disposer de valeurs faciles à liquider en cas de circonstances imprévues. Que ce ne soit pas là une vaine précaution, la banque l'a éprouvé lorsqu'à la fin de 1907, les dépôts furent réclamés en grand nombre. La cause en était la

D. Levontin, directeur de l'Anglo-Palestine Company.

fameuse crise financière américaine qui influença les marchés du monde entier.

Beaucoup de juifs de la Palestine ont des parents en Amérique et ceux-là leur envoyaient les journaux juifs-américains où la crise était dépeinte sous les couleurs les plus sombres. Les esprits timorés commencèrent à réclamer leurs dépôts de l'Anglo-Palestine Company ; d'autres suivirent, l'un entraînant l'autre et un « run » en plein en fut la conséquence. La Direction de l'Anglo-Palestine Company fut obligée d'engager ses fonds à Jérusalem chez l'Agence du Crédit Lyonnais ; elle faisait en même temps verser télégraphiquement une partie de ses fonds d'Europe au Crédit Lyonnais afin de pouvoir disposer de la contre-valeur à Jérusalem. Mais alors l'Agence du Crédit Lyonnais à Jérusalem déclara ne pas désirer continuer les prêts sur fonds publics, de sorte que les sommes versées en Europe durent servir à la liquidation. Heureusement, l'Anglo-Palestine Company put se tirer d'affaire, sans cet argent, et comme tout le monde fut remboursé intégralement à la première réquisition, le « run » prit vite fin. Mais le peu de complaisance du Crédit Lyonnais aurait pu en effet, créer de grands embarras à l'Anglo-Palestine Company.

J'ai déjà eu l'occasion de remarquer que l'Anglo-Palestine Company est une fondation sioniste ; ses actions sont presque exclusivement en possession du Jewish Colonial Trust qui ne dispose pas encore de moyens suffisants pour qu'il lui soit possible, dès à présent, de donner plus d'expansion à l'Anglo-Palestine Company. Une plus grande expansion est absolument nécessaire dans l'intérêt de la colonisation juive en Palestine. Pour que son développement ait l'appui d'une base saine, il faut établir des succursales et agences de l'A. P. C. dans différents endroits de la Palestine, multiplier les Caisses d'Emprunt et les sociétés coopératives, procurer des avances à l'agriculture, à l'industrie et au commerce et, pour ce qui regarde l'agriculture, des crédits à longs termes. Et quand demain l'Administration de l'A. P. C. s'adressera aux autres grands organismes juifs pour augmenter ses moyens, elle pourra en appeler aux résultats obtenus jusqu'à présent, à la considération dont jouissent actuellement en Palestine, les cultivateurs, les industriels et les commerçants juifs, ce dont ils sont redevables en grande partie à l'A. P. C.

La Société coopérative des propriétaires d'orangeries pour la vente des produits, est un grand succès partagé par la Coopérative des viticulteurs qui prit naissance en 1906, quand la direction entière des caves de Rishon-le-Zion et de Sichron Jacob passa aux mains des colons. L'administration de la Société introduisit différentes économies ; la vente des vins fut réorganisée sur une base nouvelle et le rapport annuel de la Jewish Colonisation Association nomma les résultats obtenus par la Société comme très encourageants. Il est de fait que le débit des vins augmente d'année en année. C'est surtout au Caire qu'on en livre beaucoup, mais malheureusement on y affuble dans les hôtels de premier rang, le Rishon-le-Zion d'une étiquette française.

Si je plaide la collaboration des différents organismes juifs en Palestine, je ne désire nullement la voir se borner au crédit. Cette coopération est tout aussi désirable pour les rapports entre la population et le gouvernement relativement aux impôts. La population actuellement abandonnée à elle-même est souvent en butte aux tracasseries de tous genres de la part de fonctionnaires rapaces qui font la chasse au bakshish. En agissant de concert, la situation s'améliorerait considérablement. On pourrait entrer en négociations avec le gouvernement. Je ne parle pas même, pour le moment, de l'obtention de concessions politiques. La conception en est trop illimitée. On peut entendre par là, la Charte pour l'Etat juif sioniste, mais on peut aussi se figurer des concessions plus modestes.

A cette heure, il me semble que le but principal de la coopération doit être l'organisation de l'enseignement, qui exige d'urgence des réformations auxquelles je reviendrai tantôt. Actuellement agissent en Palestine : l'Alliance Israélite universelle, la Jewish Colonisation Association, les Institutions sionistes, le Hilfsverein der deutschen Juden, les sociétés anglaises, américaines et russes et encore bien d'autres Institutions juives. La plupart de ces Institutions travaillent à leur guise et l'ensemble laisse beaucoup à désirer. Ainsi, par exemple, la Jewish Colonisation Association fait ses envois d'argent en Palestine, par l'entremise du Crédit Lyonnais quoique le Jewish Colonial Trust et l'Anglo Palestine Company offrent toute sécurité !

Toutes les Associations susnommées devraient donner ordre à leurs représentants en Palestine, de reprendre de concert la réorganisation des Institutions juives du pays. On pourrait commencer par les établissements scolaires. On trouve à Jérusalem l'école professionnelle de l'Alliance israélite à côté de l'école Bézabel subventionnée par le Hilfsverein der deutschen Juden et le Comité sioniste, l'école anglaise pour filles Evelina de Rothschild à côté d'une école française pour filles ; je pourrais en citer plusieurs autres, toutes avec respectivement des méthodes d'enseignement allemande, anglaise ou française où manque certainement l'unité, ce qui n'est pas pour donner une éducation juive nationale ayant ses racines au pays juif.

Je ne nie pas que j'aurais été plus satisfait de trouver en Palestine, au lieu des superbes et immenses celliers dont l'installation a coûté des millions, une meilleure compréhension de l'enseignement. Si, dès le début, on s'était inspiré du but à atteindre, si l'on avait fondé des écoles répondant au caractère du pays, avec un personnel enseignant homogène, quels magnifiques résultats n'aurait-on pas obtenus dans les 25 années de colonisation qui viennent de s'écouler ! Mais les professeurs étaient envoyés de Paris ou bien on faisait élever en France, des jeunes gens et des jeunes filles de la Palestine et qui en revenaient souvent avec une conception malsaine de la vie. La plupart du temps, ils avaient rompu avec le pays juif. Ne possédant plus, eux-mêmes, la conviction intime de l'amour de la patrie, ils étaient incapables de le susciter chez leurs élèves. Ils rapportaient des façons françaises, des inclinations françaises, des méthodes françaises d'enseignement et la langue dont ils se servaient pour enseigner les différentes branches était le français. Il en était de même dans les écoles anglaises et allemandes. Là aussi, l'enseignement se donnait en anglais et en allemand. Notez bien que l'arabe, la langue du pays, n'était pas enseignée du tout et l'hébreu imparfaitement. Il me semble que le cas doit s'être présenté où les enfants du même pays, de la même ville, ne se comprenaient pas, à moins que par bonheur ils parlassent hébreu.

Je proposerais volontiers à l'Administration de l'Alliance Israélite Universelle et à celle de la Jewish Colonisation Association, de supprimer l'étude du français dans leurs écoles, du moins dans celles des colonies, et de la remplacer par celle de l'hébreu et de l'arabe. Nos futurs cultivateurs n'ont que faire du français.

Les réformes devront être bien plus radicales aux écoles juives orthodoxes, celles du Talmud-Thora où, à de rares exceptions près, l'éducation fait songer à la pire époque du monachisme. Quoique dans ces derniers temps on remarque un visible effort vers la bonne voie, on n'enseigne dans la plupart de ces écoles que ce qui concerne la religion juive. C'est ainsi que les malheureux élèves ne sont bons qu'à devenir des « Schnorrers » comme ceux dont je parlais auparavant. Il est inconcevable que les rabbins, qui favorisent l'existence de ces écoles, ne sentent pas que, pour vivre et pour faire vivre plus tard une famille, les enfants ont besoin d'autre chose, que de la connaissance du Talmud et de la Torah. Ces rabbins rappellent dans leur répugnance de tout enseignement profane, ce despote musulman qui fit brûler une importante bibliothèque de haute valeur, sous prétexte que seul ce qui se trouve dans le Koran est bon et utile et que ces livres contenaient ou bien la même chose, étaient donc superflus, ou bien parlaient de choses étrangères ce qui les rendait pernicieux ; l'un et l'autre justifiait leur anéantissement.

Ces dernières années, c'était surtout le Comité sioniste russe et ensuite le Hilfsverein der deutschen Juden qui comprirent d'abord l'importance de l'hébreu comme langue usuelle pour la population

Elèves de l'Ecole Agricole de l'Alliance Israélite Universelle.

juive de la Palestine. Plusieurs colonies en ont également reconnu l'utilité. On s'occupe aussi davantage du développement physique des enfants. J'ai assisté à une représentation gymnastique de l'école Lämmel à Jérusalem, qui n'avait rien à envier à ce genre de représentations de chez nous.

Un meilleur entendement de la tâche à accomplir par les écoles juives de la Palestine avait déjà pénétré dans plusieurs de ces établissements. On s'y servait déjà de l'hébreu pour l'enseignement et l'on y enseignait en outre l'arabe. Quand je visitai ces écoles j'y fus reçu avec un aimable « Shalom » (paix) par les professeurs et les élèves. Que ceux qui doutent encore de l'existence d'une nationalité juive aillent voir ces écoles du pays juif. Ici, les enfants sont juifs sans plus, et ils seraient bien surpris si on leur disait qu'ils sont des Turcs professant le culte juif.

Le bourgmestre de la colonie Rechoboth me dit qu'il arrive que des enfants arabes fréquentent l'école juive. Il est curieux que ces enfants arabes, en apprenant l'histoire juive, considèrent les Maccabées par exemple, comme leurs aïeux, tout comme chez nous en Hollande, les élèves juifs honorent comme les leurs, les héros de la guerre de quatre-vingts ans.

La population juive des colonies se sert de plus en plus de l'hébreu comme langage courant. Les parents en viennent tout naturellement à s'exprimer en hébreu, parce que leurs enfants le parlent entr'eux et à l'école. De cette façon, nous pouvons nous attendre à voir disparaître dès la prochaine génération, l'inharmonieux jargon (Patois juif allemand). La connaissance de l'hébreu a en outre l'avantage de faciliter l'étude de l'arabe, la langue sœur.

L'enseignement de l'hébreu est particulièrement intéressant. L'hébreu sert non seulement à l'histoire de la bible, mais aussi à toutes les autres branches. Des livres scolaires n'existant pas, les professeurs durent les composer eux-mêmes et l'on possède maintenant les traductions hébraïques de plusieurs ouvrages modernes.

A Jaffa surtout, où, par suite de l'immigration considérable des dernières années, le petit commerce a fortement augmenté, on s'est donné beaucoup de peine pour l'enseignement qui doit préparer la jeune génération aux différents métiers. Ainsi, on chercha à fonder une école professionnelle, mais l'on ne put réunir les fonds nécessaires. Cependant on s'est risqué à une modeste expérience. On fut plus heureux avec un gymnase préparatoire, pour lequel M. Moser de Bradford a promis une large contribution.

Le gouvernement turc accorde seulement un subside aux écoles musulmanes qui sont installées de façon très primitive. Les enfants sont accroupis autour du maître qui leur enseigne principalement le Koran. La majeure partie des subventions juives pour les écoles va à Jérusalem ; des endroits comme Jaffa sont beaucoup moins bien partagés. J'ai eu l'occasion de remarquer avec quel dévouement les instituteurs remplissent généralement leur tâche. Les locaux sont petits, les ressources médiocres et les élèves nombreux. Il y a aussi pénurie de maîtresses qui remplaceraient avantageusement les maîtres, surtout dans les classes inférieures. J'appris toutefois à Jaffa qu'à l'heure présente, plusieurs jeunes filles se destinent à l'enseignement.

Quelques écoles sont fréquentées simultanément par les garçons et les filles. On ne les sépare pas les uns des autres. L'expérience a démontré que les objections soulevées au début par quelques parents, n'avaient pas de raison d'être et ces derniers sont entièrement revenus de leurs préventions.

De bonnes écoles voilà ce dont la population juive en Palestine a directement le plus besoin. Le Dr Nathan, la force impulsive du

« Hilfsverein der deutschen Juden » est arrivé à la même conclusion après son dernier séjour en Palestine. Le fait mérite d'être mentionné. Le Dr Nathan est d'avis qu'actuellement la Palestine n'est guère propre à l'immigration juive. « L'industrie et l'agriculture, dit-il, ne sont pas suffisamment développées pour nourrir plus que la population présente, qui d'ailleurs ne forme qu'un misérable prolétariat. » Comme remède, il recommande la fondation de bons établissements scolaires, depuis la simple école de village jusqu'à la moderne Ecole supérieure de sciences. Tout le monde peut être d'accord là-dessus, mais pour que cet accord ne soit pas simplement platonique, tous les organismes juifs doivent prêter leur concours. Ils devront s'entendre à propos de la base sur laquelle sera édifié l'enseignement en Palestine. Une résolution doit être prise en principe. L'enseignement ne doit plus, comme il l'a fait jusqu'aujourd'hui, susciter chez les élèves le désir d'émigrer de la Palestine. A cet effet il nous faut un corps enseignant pénétré de l'esprit juif. Ce doit être fini des jeunes gens expédiés en France pour y être formés et qui sont renvoyés tout façonnés en Palestine, qu'ils aient des aptitudes pédagogiques ou non.

Il faut des écoles normales en Palestine même, pour les instituteurs et les institutrices, afin que nous ayons de réelles capacités juives. A ceux manquant de dispositions, on fera comprendre qu'ils ont à choisir une autre carrière. Nous obtiendrons en outre cet avantage que, mieux qu'à présent, nous pourrons juger du caractère des futurs éducateurs de la jeunesse et nous saurons si, en conscience, nous pouvons la leur confier.

Un programme d'études uniforme, de bonnes écoles élémentaires où l'enseignement aura surtout un caractère pratique. Pas de français, mais de l'hébreu et aussi de l'arabe pour que, plus tard, les élèves puissent lire et écrire convenablement la langue du pays. Le service des postes à Jérusalem a déjà reconnu l'hébreu

Ecole Fröbel de la Colonie de Rishon-le-Zion.

comme langue vivante, témoin ses avis hébraïques et les inscriptions hébraïques des cartes postales.

Les enfants surtout doivent se familiariser avec la nature, de laquelle le peuple juif a été détaché depuis des siècles et des siècles; sous ce rapport il a beaucoup à rattraper. Une instruction simple et solide où tout sera mis dans l'ordre naturel et groupé autour de la connaissance du pays juif, qui sera la demeure de la maison de Jacob, laquelle y vivra comme un peuple libre parmi les autres peuples.

Dans l'enseignement la théorie et la pratique devront autant que possible marcher de pair. La géographie devra traiter principalement de la Palestine, surtout de la nature du sol, du mode d'irrigation, et des conditions auxquelles le pays peut être fertilisé. C'est pourquoi le caractère physique doit dominer dans la géographie. Elle doit être intimement liée à l'histoire naturelle qui elle aussi doit s'occuper spécialement de la faune et de la flore de la Palestine en donnant une première place aux céréales et aux animaux domestiques. On peut aussi y joindre la physique et la chimie, entr'autres, pour démontrer aux élèves comment l'industrie emprunte ses matières au sol, aux plantes et aux animaux ; pour mémoire le vin et les laitages. Ensuite, la géographie étant jusqu'à un certain point commerciale, devra tenir compte des débouchés extérieurs pour les produits de l'intérieur. En outre, l'enseignement ne se fera pas exclusivement d'après les livres, il se donnera aussi dans les jardins des écoles, pour mettre en pratique les leçons de la théorie.

Qu'on tienne compte de ce qui précède pour ce qui regarde le calcul et la calligraphie ; qu'on n'exige pas la solution de problèmes compliqués qui ne se présentent jamais dans la vie usuelle. La matière pour les leçons de calcul devrait être fournie par la supputation des dépenses occasionnées par des entreprises agricoles, ainsi que par les budgets d'entreprises commerciales et industrielles. J'aimerais y voir adjoints la tenue des livres simple et des exercices d'administration et de correspondance commerciale. Et là où l'étude des langues étrangères s'impose, on fera bien de ne pas attacher trop d'importance à la correction grammaticale et de ne pas tourmenter les élèves, comme on le fait partout ailleurs, par des détails qu'ils s'empressent d'oublier aussi vite que possible.

En outre, la lecture contribuera à leur culture générale ; ils feront connaissance avec notre littérature juive si étendue, embrassant les œuvres des grands auteurs juifs de tous les temps. Une éducation éminemment pratique ne doit pas pour cela porter l'empreinte du matérialisme. A l'âme juive il faut un idéal dont la jeunesse doit se pénétrer durant les années scolaires. L'idéal de la nation juive ressortira de l'histoire juive qui comprend l'histoire nationale et religieuse et dont l'influence civilisatrice s'est fait sentir à travers les siècles, même chez les peuples de l'Occident. L'histoire juive a conservé son ancienne puissance, elle est encore capable d'inspirer les temps modernes et de servir de guide à un nouvel Etat juif. Assurément, les écoles ont une noble tâche à remplir : l'œuvre du développement physique et moral de la jeunesse qui leur est confiée !

La question se pose naturellement quant au rang qu'occupera la religion juive dans l'enseignement. Nous avons vu où ont abouti les Ecoles du Talmud-Thora où l'instruction était presque exclusivement religieuse, il ne faut certainement pas démontrer davantage que la méthode suivie jusqu'ici, doit être radicalement réformée. D'un autre côté, on ne peut pas nier non plus que, dans quelques écoles où le clergé n'exerçait aucune influence, certains instituteurs ne se faisaient pas faute d'exposer leurs doctrines athées, ce qui n'était évidemment pas dans l'intérêt des élèves. Un tel esprit ne peut être toléré dans les écoles, on veillera à ne blesser aucune conviction afin que les parents orthodoxes puissent, en toute confiance, laisser leurs enfants profiter de l'instruction. Il me semble néanmoins qu'à l'école, les leçons de religion doivent se borner à l'histoire religieuse. Si, cependant, des parents désirent que leurs enfants apprennent en classe, les rites et les cérémonies du culte juif, on pourrait, éventuellement, fixer des heures pour cette instruction, sans toutefois la rendre obligatoire. A mon avis, les parents feraient mieux de traiter eux-mêmes, les différents sujets religieux avec leurs enfants, dès que ceux-ci auraient l'âge de les comprendre. Cela contribuerait à fortifier les liens qui unissent les enfants aux parents. Que chacun soit libre d'être, quand cela lui plaît, son propre directeur de conscience et celui de sa famille, libre d'accepter en totalité ou en partie les révélations écrites et la tradition. N'importe la diversité de nos convictions religieuses, nous sommes certainement tous d'accord pour inculquer à nos enfants le sentiment du devoir, la conscience de leur responsabilité ; d'accord, nous le sommes pour développer progressivement dans la bonne direction, leurs dons naturels en suivant la voie de la science et de la civilisation.

A ceux qui arrangent leur vie d'après leur entendement et ne se soucient pas de religion, on peut facilement accorder que Dieu, l'éternité, sont au-delà de notre conception et que nous ne pouvons pas nous en faire une juste idée. Malgré cela, je n'hésite pas à proclamer ma croyance en Dieu, ma conviction que chacun doit accepter la tâche qui lui est imposée et la remplir aussi parfaitement que possible ; ma conviction que les rapports entre Dieu et l'humanité n'ont pas cessé avec Moïse et les prophètes, mais qu'aujourd'hui encore et à toute heure, celui qui désire sincèrement le bien peut se rendre compte de ce que Dieu attend de lui.

Que le lecteur me pardonne cette digression qui ne fait, après tout, que rendre mon opinion personnelle. Il m'a, néanmoins, paru utile, avant de passer au Sionisme, de donner cette courte exposition, purement juive d'après ma conviction et renfermant l'essence des sentiments religieux du juif.

LE SIONISME

Parmi les questions importantes se rapportant non seulement à la politique de certains pays, mais intéressant l'humanité entière, on doit compter la question juive. Quoique datant de plusieurs siècles, les efforts pour trouver une solution satisfaisante n'ont pris un caractère précis que depuis une douzaine d'années, par l'organisme appelé le mouvement sioniste, créé par feu le Docteur Théodore Herzl et qui a trouvé un grand nombre de partisans dans tous les pays où résident des juifs.

Le Sionisme ne peut être considéré comme un mouvement résultant d'une extase religieuse, tel qu'il s'en produisit dans les siècles passés et qui furent toujours suivis d'amères déceptions. Tout juif a une conception propre des espérances messianiques ;

le Sionisme ne prétend pas les réaliser. Le fait, que le mouvement sioniste à pu, dès le début, se développer sans interruption, est justement dû en grande partie à la Direction qui s'est strictement gardée de toucher aucun sujet religieux, soit en paroles, soit en

Olivier plusieurs fois séculaire.

écrits. Le mouvement doit trouver son écho dans toutes les classes du peuple, tant chez les juifs orthodoxes que chez les juifs libéraux. Un mouvement qui se fait sous les auspices du progrès et de la civilisation, ne peut entraver la libre-pensée. C'est ainsi que nous nous représentons dans le pays juif les conservateurs et les modernes vivant côte à côte librement, chacun selon ses convictions.

Quand l'orthodoxie prétend que le Sionisme empiète sur l'intervention divine en agissant d'autorité là où il devrait attendre après l'envoyé de Dieu, on ne peut que répondre : « Personne n'est assez simple pour s'imaginer effectuer quoique ce soit contre la volonté de Dieu. Sans cette volonté, le but du Sionisme ne pourra pas non plus être atteint. Mais on peut demander en même temps, si justement le Sionisme n'est pas né d'après les lois divines et si tous ceux qui y collaborent sincèrement, ne sont pas des instruments et des instruments inspirés par la grâce de Dieu ?

« Le Sionisme a pour but la création, en Palestine, pour le peuple juif, d'une patrie garantie par le droit public ». Ce programme fut formulé lors du premier Congrès Sioniste à Bâle pendant l'été de 1897. A ce programme rien n'a été modifié, ni ajouté et l'on n'en a rien éliminé. Tous les Congrès suivants l'ont maintenu dans son intégrité. Quelque simple que paraisse ce programme, il est le résultat de la conception géniale du Docteur Herzl. Il a trouvé un écho dans l'âme de milliers et de milliers de juifs dispersés sur toute la terre. Le Docteur Herzl avait conclu que l'essence de la question juive réside en l'absence d'un centre propre aux juifs, en ce qu'ils ne forment pas une nation séparée dans toute l'acception du mot. Le Docteur Herzl a réussi à faire voir aux juifs la situation ambiguë dans laquelle ils vivent, ayant tous vaguement la conscience d'un lien corrélatif qui est l'unité nationale. Le Docteur Herzl a organisé le peuple juif. Par son Congrès Sioniste, son organisation sioniste, Herzl a abouti là où avaient échoué toutes les Institutions juives existantes, même l'Alliance Israélite universelle. Des juifs de toutes les parties du monde assistèrent au Congrès comme délégués. Des juifs appartenant à toutes les classes de la société et professant les opinions les plus diverses, fondèrent des associations locales. Tout en restant

LE Dr. THEODOR HERZL.

encore une minorité, les juifs étaient pénétrés par la conscience du but envisagé, ils se sentaient unis par un idéal commun et ils avaient la satisfaction de voir renforcer journellement les rangs par de nouveaux collaborateurs.

Tel le mouvement sioniste est porté par le peuple juif.

On a dit que le Docteur Herzl était un rêveur. Ne voyait-il pas déjà la colonisation juive se faisant en plein, dans l'ordre le plus parfait ? ne voyait-il pas le pays juif peuplé de cultivateurs juifs ? Une série de ports florissants n'animaient-ils pas le littoral de la Palestine ; et tout le pays n'était-il pas couvert d'un réseau de chemins de fer, empruntant leur force motrice à l'électricité ? la flotte marchande juive ne visitait-elle pas déjà les pays les plus éloignés ? L'agriculture, l'industrie et le commerce ne prospéraient-ils pas comme jamais avant ? et ne leur appliquait-on pas les inventions les plus récentes ? N'avait-il pas fait creuser un canal de la Méditerranée à la Mer morte, se servant de la différence de niveau pour obtenir une source inépuisable de puissance électrique? Certes, Herzl était aussi poète, mais ses conceptions avaient pour base la logique et non l'imagination. Herzl ne travaillait qu'à bon escient quand il s'agissait de l'exécution positive. Et il payait de sa personne, partout et toujours pour empêcher que n'importe quoi pût porter préjudice au Sionisme. Il en fut ainsi pour la fondation de la banque sioniste à Londres, et encore pour la préparation des congrès et toujours encore lors des négociations politiques avec les hommes d'Etat et les puissances souveraines, qui lui témoignèrent, à différentes reprises, leur cordiale sympathie pour ses efforts. Herzl les a initiés; grâce à lui on reconnaît la raison d'être du Sionisme. L'histoire rendra justice à Herzl, elle le montrera comme un des fils les plus éminents du peuple juif.

Séduisant de sa personne, d'un commerce agréable, le Docteur Herzl avait un grand nombre d'amis dont plusieurs sur lesquels il pouvait compter en toute circonstance. Il sut intéresser ses amis au Sionisme, eux aussi devaient payer de leur personne. Ils formaient pour ainsi dire l'état-major de Herzl ; parmi eux, il convient de citer deux personnalités marquantes: David Wolffsohn et Max Nordau.

Ceux qui ont assisté en 1907 au grand Congrès sioniste de la Haye, conserveront leur vie durant le souvenir de l'effet que la puissante parole de Nordau produisit sur l'auditoire. Sa voix lance des avertissements, accentués par la répétition. Sa logique inflexible prouve que tout juif, attachant quelque prix au judaïsme et désirant le salut de la nation juive, doit participer au mouvement sioniste. Nordau, le profond penseur, le savant scrutateur de la société, a démontré que l'émancipation des juifs après la Révolution française n'a pu faire qu'une œuvre imparfaite. Il avait observé que les juifs se sont maintenus comme nation distincte et quand Herzl formula ses propositions par rapport à la solution du problème juif, il trouva immédiatement en Nordau un partisan, un conseiller et un ami. Nordau n'a pas changé ; son nom est inséparablement lié au Sionisme et il est pour tous ceux qui prennent une part active au mouvement, un guide toujours sûr,

LE Dr. MAX NORDAU.

le maître vénéré dont on reconnaît volontiers l'autorité.

Nordau s'est toujours tenu en dehors de la direction courante du Sionisme. Quoique la mort du Dr Herzl fût suivie d'une stagnation momentanée, on traversa heureusement la crise et il se trouva des hommes prêts à reprendre et à soutenir de tout leur pouvoir l'œuvre de Herzl ; à leur tête se tenait David Wolffsohn.

Wolffsohn n'a rien de ce qui rendait son prédécesseur si ensorcelant, ni son charme magique, ni sa stature, ni l'œil dominateur d'un prince d'Israël. Mais son dévouement à la cause du peuple juif égale celui de Herzl. Né et élevé en Russie dans un milieu juif, il a vécu toutes les misères du juif russe. Herzl a dû faire connaissance avec son peuple, Wolffsohn en faisait partie. Il en parlait la langue, il en connaissait toutes les vertus et toutes les faiblesses. Réciproquement, son peuple le connaissait et il avait le sentiment que Wolffsohn était un des leurs. Il possédait leur confiance et quand, après la mort de Herzl, il fallut un nouveau chef, les juifs réunis en Congrès, eurent l'intuition que dans tous les rangs sionistes, personne ne sympathisait plus avec eux que David Wolffsohn, que personne plus que lui n'était prêt à se donner aussi entièrement à son peuple.

Né dans la médiocrité, placé comme apprenti dans un commerce de bois, Wolffsohn a dans le cours des temps conquis une position indépendante. Il s'établit à Cologne où l'appel de Herzl retentit jusqu'à lui. Sans l'ombre d'hésitation, Wolffsohn se mit entièrement à la disposition de.Herzl. Herzl fit de Wolffsohn le confident de tous ses projets, de tous ses soucis et le mit au courant de toutes ses relations. Wolffsohn prit une part active à toutes les œuvres accomplies, à toutes les délibérations. Souvent il exécutait les choses les plus pénibles, les plus difficiles.

Aussi, après la mort de Herzl, Wolffsohn se trouva le successeur tout indiqué pour la lourde tâche, l'expansion du Sionisme. Il accepta avec la fermeté et surtout avec la complète abnégation de soi qui le caractérisent et qui lui ont acquis à l'égal de son prédécesseur, un grand nombre d'amis.

Mais ces amis ne laissaient pas de lui susciter des difficultés. D'une part, ceux qui, émus des misères croissantes des juifs de l'Est de l'Europe, voulaient aller de l'avant, sans attendre patiemment le cours normal des choses ; d'autre part, ceux qui croyaient ne rien devoir entreprendre au pays juif, avant d'avoir obtenu des garanties par le droit public.

Le premier groupe voulait, au besoin sans garantie légale, acquérir le plus de terres possible en Palestine, y envoyer toujours plus de colons juifs, boiser le pays et entreprendre un tas de choses contre lesquelles le second groupe s'opposait de crainte de voir l'idée fondamentale du Sionisme repoussée à l'arrière-plan. Wolffsohn ne se laissa guider par aucun des deux groupes. Plus que personne, il était convaincu que la colonisation de la Palestine devait rester assujettie à l'œuvre politique. Et s'il semblait, pour le « outsider » qu'il était entraîné par le premier courant, cela n'avait lieu qu'après mûre réflexion, et parce que Wolffsohn comprenait bien qu'un mouvement populaire ne se maintient pas

David Wolffsohn.

seulement par des idéals, mais qu'il lui faut des preuves manifestes de résultats obtenus pour ranimer l'intérêt. Si donc Wolffsohn fit des concessions, ce fut dans l'intérêt du mouvement et il eut toujours soin de ne pas trop s'aventurer.

Wolffsohn s'est fait connaître comme le chef par excellence au Congrès sioniste de la Haye, congrès mentionné par le président de la Cour de Cassation des Pays-Bas, lors de l'installation d'un nouveau vice-président en remplacement du feu Monsieur A.-A. de Pinto. Wolffsohn sut concilier les deux partis et maintenir la bonne entente entre les délégués qui ne brillaient pas tous par l'esprit de discipline.

Avouons-le franchement, nous manquons de discipline. Les circonstances étaient contraires pour la faire naître ; ce sont elles qui ont poussé, malgré eux, les juifs dans les rangs révolutionnaires. Quoi de plus naturel qu'en Russie, par exemple, après l'horrible oppression et les pires outrages, les juifs se révoltèrent contre leurs oppresseurs ? Ecrasés à nouveau, à moitié assommés, il y eut parmi eux des désespérés qui rompirent tous liens. Des malheureux, ayant perdu l'équilibre mental et moral, la foi en Dieu dont ils se croyaient abandonnés, sans soutien quelconque, s'érigèrent en juges, devinrent lanceurs de bombes, sacrifiant leur vie pour la cause de la révolution sociale.

Il n'y a aucune raison pour que le gouvernement russe ne puisse permettre le libre développement du Sionisme en Russie. L'idéal d'une demeure propre en Palestine pour le peuple juif, ne contient rien qui puisse causer du détriment à l'empire russe. Le Sionisme fait des adeptes même parmi les éléments révolutionnaires qui nous sont parfois si nuisibles, il faut bien le reconnaître. Quand, il y a quelques années, il fut question de la possibilité d'une colonisation juive dans l'Est-africain, il y eut à une assemblée sioniste, un fanatique qui tira à bout portant et à plusieurs reprises sur Max Nordau, heureusement, sans le toucher, parce que Nordau s'était montré favorable à ce projet. L'auteur de l'attentat était un juif russe qui craignait que la Palestine ne disparût complètement du programme sioniste.

Mais ce ne sont pas exclusivement les juifs de l'Europe orientale dont le manque de discipline retarde parfois l'expansion du Sionisme. Dans un organisme composé de tant d'éléments divers, il arrive que des personnes non autorisées, présentent leurs faits et gestes comme exprimant la volonté dirigeante. Il est curieux de voir comment tout le monde, même ceux qui ne peuvent se faire aucune idée de l'organisation, se croient appelés à critiquer et se laissent aller à publier leurs opinions ou à lancer des communications, dont on rend responsable l'administration sioniste. Des faits pareils se sont même présentés aux grandes réunions sionistes et les coupables ne sont pas toujours les esprits les plus bornés.

Le tort fait au mouvement sioniste par cette absence de discipline a été le mieux prouvé par l'incident de la modification des statuts du Jewish Colonial Trust. Quand, en 1905, au Congrès sioniste de Bâle, la grande majorité des délégués manifesta sa volonté de ne rien entendre d'un établissement dans l'Est-africain, on déclara encore une fois formellement que le programme sioniste serait maintenu dans toute son intégrité. On décida en même temps que les statuts du Jewish Colonial Trust permettant à la Banque juive de favoriser la colonisation dans le monde entier, seraient modifiés en ce sens, que la colonisation serait limitée à la Palestine et aux pays avoisinants. Israël Zangwill, l'auteur si connu, chaud partisan du projet Est-africain, se retira avec quelques autres du mouvement sioniste et fonda en Angleterre son Jewish Territorial Organisation, qui se propose de procurer au peuple juif une demeure propre, n'importe où. Zangwill adressa, en outre, une requête à la justice anglaise, pour empêcher la modification des statuts du Jewish Colonial Trust. Il attira ainsi à ses anciens co-sociétaires, un procès terminé il y a peu de temps et dont le gain le plus clair fut celui des avocats. Le plus curieux de l'affaire est que cette modification des statuts n'a, en somme, qu'une signification théorique, puisque la plus grande partie des fonds du Jewish Colonial Trust ont été mis à la disposition de l'Anglo-Palestine Company qui, à son tour, a placé tous ses capitaux en Palestine.

Il est certainement regrettable qu'un homme de valeur comme Zangwill, soit perdu pour le Sionisme et que plusieurs autres personnalités, plus ou moins directement intéressées à la question, ont depuis, pris une part moins active au Sionisme. Nous gardons néanmoins la conviction que l'idée fondamentale du Sionisme prouvera être assez puissante pour conserver les anciens adhérents, en recruter de nouveaux et ramener les autres à de meilleurs sentiments.

Il n'y a qu'un moyen d'obtenir en Palestine, une patrie pour le peuple juif, garantie par le droit public, c'est de gagner le gouvernement turc aux projets sionistes. La Palestine n'est guère peuplée. Elle n'a pas grande importance, ni stratégique, ni commerciale pour l'empire ottoman. L'excédent des recettes et des dépenses ne rapporte que fort peu au Trésor turc. Pour le moment, le pays est encore à l'écart du grand parcours projeté par la ligne de Bagdad. D'ailleurs, nous ne demandons pas au gouvernement turc la cession du pays, mais simplement le droit de séjour en Palestine pour le peuple juif avec un gouvernement juif autonome qui reconnaîtrait comme suzerain S. M. le Sultan. L'administration autonome des communautés juives sous leur Chacham-Bashi, telle qu'elle existe actuellement en Turquie, pourrait être amplifiée et dirigée par un chef laïque. Ce gouvernement autonome devra être constitué de façon à ce qu'il lui soit loisible de permettre le libre développement du peuple juif. Les relations avec l'Empire turc seront à peu près pareilles à celles des colonies autonomes avec la mère-patrie. Nous voyons, par ce qui se passe dans l'Empire britannique, qu'un tel arrangement satisfait tous les partis.

A ceux qui sont d'avis que le peuple juif se libérera tôt au tard entièrement de l'Empire turc, je répondrai que, d'ici à un siècle, pareille tentative n'est pas à craindre. Et qui peut prédire ce qui sera dans un siècle ?

Je me figure que l'Etat turc aurait grand avantage à l'établissement du peuple juif en Palestine, ne fût-ce que par la mise en culture de la terre laissée présentement à l'abandon. Je crois fermement que le temps n'est pas éloigné où le gouvernement turc prendra en bienveillante considération le Schéma détaillé pour cet établissement juif.

Les bornes du territoire disponible sont indiquées tout naturellement, il me semble. Le Liban au Nord et à l'Est le chemin de fer de Damas à Maan et puis la ligne allant de là à Akaba. La presqu'île du Sinaï en fait partie. Les autres bornes seraient la Méditerranée et l'Egypte. Un autre avantage pour l'Empire turc, serait l'établissement, à la frontière égyptienne, d'un peuple chez qui fusionnent les civilisations orientale et occidentale.

Une fois qu'on aura obtenu l'approbation du Sultan il se formera des comités dans tous les grands centres juifs, qui auront pour devoir de guider l'émigration. Il va de soi qu'aucune pression ne sera exercée sur ceux qui sont satisfaits de leur séjour actuel. Le contraire sera plutôt nécessaire ; il faudra veiller à ce que l'émigration ne prenne pas de trop grandes proportions, surtout au début. Quand on songe que, même maintenant, l'émigration de l'Est de l'Europe, comprend annuellement plus de cent mille âmes, le succès serait déjà appréciable, si cette émigration qui se dirige plutôt vers l'Angleterre et l'Amérique, pouvait être menée vers la Palestine. Il faudrait en même temps prévenir que la Russie, la Roumanie et les autres pays où les juifs ne jouissent pas complètement des droits civiques, ne profitassent de l'occasion pour se débarrasser au plus tôt de la grande majorité de leur population juive. Ce serait une calamité, non seulement pour les malheureux mêmes qui ne trouveraient pas de moyens d'existence en Palestine, mais aussi pour la colonisation juive qui aboutirait indubitablement à un terrible fiasco.

J'ai déjà démontré qu'on doit éviter autant que possible les remèdes artificiels.

La colonisation doit prendre son essor de façon naturelle. Il est évident que pour cela, nous devons attirer en premier lieu en Palestine les cultivateurs juifs. La Russie est tout indiquée pour nous les procurer ; environ 200,000 âmes parmi sa population juive, vivent de labour et d'élevage. Ce sont donc ceux au courant de l'agriculture qui nous permettront de former des groupes de cultivateurs juifs que nous essaimerons par tout le pays. Ce sera en même temps l'appel pour une nombreuse population qui ne manquera pas d'affluer, car les besoins des nouveaux venus ouvriront un champ d'opération au négoce et à la petite industrie. De cette façon la colonie se forme elle-même.

Pour assurer la bonne marche des affaires il faudra organiser en Palestine un Bureau ayant ses ramifications par tout le pays. Il préviendra les comités d'Europe et d'ailleurs, des places vacantes pour les candidats respectifs. Si des fonds suffisants se trouvaient disponibles, on pourrait bientôt entreprendre des grands travaux d'utilité publique ; tels que, l'amélioration du sol, l'établissement des voiries et des chemins de fer, la construction de ports, enfin, tout ce dont la Palestine a été frustrée pendant des siècles. Pourvu que nous ayons les moyens, tous ceux qui peuvent et veulent travailler seront les bienvenus. Car, de la besogne, il y en a tant et plus. Mais que l'on tienne bien compte que tout travail n'est pas immédiatement productif, et que, durant des années, des millions et encore des millions seront employés, dont on ne recueillera les fruits que plus tard.

J'ai plus d'une fois entendu des personnes, ayant bien médité sur le Sionisme, émettre l'opinion, qu'à proprement parler, il n'existe plus d'homogénéité juive. On était d'avis, que les influences qui, depuis des siècles, se sont infiltrées chez les juifs d'Occident, les ont déjudaïsés et que par là, ils sont devenus si étrangers à leurs frères de race habitant l'Est de l'Europe, qu'ils n'ont en effet, plus rien de commun avec eux que l'origine. On partait de là pour conclure à l'impossibilité pour les juifs de l'Ouest, de constituer un Etat de concert avec leurs frères de l'Est.

Sans partager complètement cette manière de voir, on peut accorder un fond de vérité à cette conception, tout en observant qu'une origine commune n'est pas une quantité négligeable. Et, s'il est vrai que le temps a plus ou moins déjudaïsé les juifs d'Occident, il n'y a pas de raison pour que les juifs qui se fixent au pays juif parmi leurs frères d'origine, ne se ré-judaïsent pas.

Je ne veux absolument pas dire par là que les juifs d'Occident doivent adopter les us et coutumes de leurs frères d'Orient, pas plus que je ne désire voir ceux-ci prendre exemple en tout sur les juifs d'Occident.

En fin de compte, il ne s'agit pas de ce qui sépare les juifs, mais de ce qui les unit. Il faut voir si la patrie commune prouvera un lien assez fort pour nous aider à surmonter les difficultés premières. Considérée au point de vue pratique, la colonisation se développera sans doute de façon à ce que la grande majorité de la nouvelle population soit formée par les juifs de l'Est de l'Europe, tandis que l'Occident pourvoira de capacités intellectuelles, tels que les administrateurs, les directeurs et les technologues qui se sentiront attirés au pays juif par des considérations idéales ou matérielles.

Néanmoins tous les juifs, même si les circonstances le leur permettent, ne se décideront pas à quitter leur lieu de naissance sans esprit de retour. Le juif n'est pas moins attaché au sol natal que ses compatriotes chrétiens. S'en séparer lui est pénible. Il est reconnaissant de ce dont il a joui, aussi peu que ce soit, même quand ce peu lui est encore disputé. Il s'est fait des amis et il est reconnaissant de ces amitiés, reconnaissant surtout d'être considéré comme égal et non comme citoyen de moindre valeur.

On peut être convaincu que plus d'un juif passera par de rudes combats intérieurs quand il lui faudra choisir entre le sol natal et le pays national, et bien souvent le sol natal l'emportera. D'ailleurs pour le grand nombre, ce seront les circonstances matérielles qui les empêcheront d'échanger leur demeure présente contre la Palestine. Un gagne-pain ne se déplace pas du coup, sans compter l'éducation des enfants et une foule d'autres considérations. Mais le pays juif exercera toujours sa force d'attraction sur la jeunesse et l'émigration se propagera à la douce parmi les juifs de l'Occident. Le surcroît de population n'est pas encore à redouter. En adaptant, en Palestine, la culture intensive telle qu'elle se pratique dans plusieurs contrées de l'Occident, le pays pourra nourrir une population bien plus forte que celle des temps bibliques. L'évaluation de l'ancienne population varie entre trois et huit millions, tandis que, comme je l'ai dit plus haut, la population actuelle de la Palestine est estimée à sept cent mille âmes, dont environ cent mille juifs.

La nationalité juive, une fois rétablie dans le pays juif, signifie en même temps la solution du problème juif, du moins, après quelques générations. Alors cessera l'émigration massale des juifs vers les pays de l'Occident. Les juifs qui le désirent pourront dans ce cas, être plus facilement absorbés par les populations auxquelles ils seront mêlés. Ceux qui ne le souhaitent pas auront le choix d'émigrer en Palestine ou de poursuivre leur existence en groupes isolés parmi les autres peuples, où ils se ressentiront toutefois de l'influence favorable d'un puissant centre juif en Palestine.

J'ai parlé, aux pages précédentes, d'un schéma détaillé pour l'établissement du peuple juif dans l'ancienne patrie. Quoique ce ne soit pas mon intention de donner ce schéma en entier, je veux néanmoins attirer l'attention sur les points principaux. La convention avec le gouvernement turc prendra le caractère d'une concession très étendue qui portera, que toutes les terres, en Palestine, qui ne sont pas propriété privée, ainsi que les propriétés du Sultan, seront affermées à une Institution représentant la nation juive pour un terme d'au moins cent ans. Cette Institution aura de plus le droit d'acheter ou d'affermer des terres en Palestine et de les revendre ou de les affermer à son tour. Une rétribution annuelle sera payée au gouvernement turc pour les terres affermées, proportionnée à la valeur de la terre, valeur fixée par l'acte de concession.

L'ordonnance relative à l'administration future de la Palestine fera partie intégrante du traité avec le Gouvernement turc. Cette ordonnance sera exécutoire pendant tout le terme stipulé au contrat d'affermage passé avec la nation juive. Le Gouvernement turc remet ses pouvoirs à l'Administration juive qui, pour tout le temps de la validité du traité, prend la place du gouvernement actuel devers la population présente, avec tous droits et obligations, remplaçant donc les impôts turcs par des impôts juifs.

L'Administration juive avec un chef juif, reconnaît S. M. le Sultan de Turquie comme suzerain et s'engage à obtenir des juifs qui viennent se fixer en Palestine qu'ils deviennent sujets turcs, tout en veillant à ce que les immigrants juifs ne tombent pas à charge du Gouvernement turc.

Les négociateurs juifs pourraient prêter leur concours au Gouvernement turc en allégeant le poids énorme de la dette extérieure qui écrase le pays. Ils pourraient procurer au Gouvernement un emprunt, dont il est difficile de fixer le juste montant, mais pour donner une idée approximative de ce qui est dans les limites possibles, je citerai une somme de douze millions de Livres sterling. Le montant de cet emprunt reviendrait pour la moitié au Gouvernement turc, qui laisserait l'autre moitié à l'Administration juive pour subvenir aux premiers frais de la colonisation.

Comme garantie de cet emprunt on aurait, en premier lieu, la somme due comme fermages ; au surplus, l'Administration juive serait responsable de l'excédent si les rentes et l'amortissement annuels dépassaient le total des fermages.

Il va de soi qu'une transaction financière de cette importance ne peut être réalisée qu'avec l'aide certaine des grands organismes juifs et de la haute banque juive. Je désire appuyer particulièrement sur ceci : c'est que le projet que je viens d'esquisser à grands traits ne doit pas être considéré comme un schéma sioniste officiel; c'est simplement une conception personnelle à côté de laquelle des projets moins vastes devront éventuellement être pris en considération.

Quant à la forme précise qu'affectera le gouvernement juif, y aura-t-il, un gouverneur ou quelque autre titulaire à la tête de l'administration, aurons-nous une chambre des députés et quelle sera la représentation du peuple, comment la juridiction se fera-t-elle et les autres institutions de moindre ordre ? tout cela ne pourra être indiqué que quand les négociations avec le Gouvernement turc auront abouti.

Un point à examiner serait si, pour la nomination des membres du Gouvernement et pour l'élection des représentants, on pourrait adopter un système autre que celui généralement en vigueur où ce n'est que dans les cas les plus chanceux qu'on regarde uniquement aux capacités et où, dans tous les autres, ce sont les beaux phraseurs, ceux qui se mettent en évidence qui remportent les suffrages.

N'importe comment sera constituée l'Administration juive, la tâche qui lui incombera en Palestine sera ardue. Pour l'accomplir convenablement, elle devra se servir des moyens qui, de tout temps, ont paru les plus propres au maintien de l'autorité. Les principaux de ces moyens sont de l'argent et des soldats. J'ai déjà dit de quelle manière on se procurera de l'argent. Et l'avenir prouvera, si pour les fortes sommes dont nous aurons besoin, nous pouvons compter sur l'abnégation juive. L'argent n'est pas chose capitale, mais on ne peut toutefois s'en passer !

Quant aux soldats juifs, ils ne nous manqueront sûrement pas. Dans la seule Russie, plus de cinquante mille juifs servent dans l'armée ; d'ailleurs, la population actuelle, aussi bien que la population future, fournira le contingent nécessaire. Il sera plus difficile de trouver des hommes ayant la capacité requise pour les grades supérieurs de l'armée. Dans les premiers temps, nous devrons bien nous contenter d'officiers instructeurs étrangers ; le Gouvernement turc se montrera peut-être enclin à mettre les officiers nécessaires, à notre disposition.

On ne doit pas mésestimer ce besoin d'une force armée, car, quelque bien organisée que sera notre police, la police seule ne suffirait pas. Tels les pacifiques, devant se préparer pour la guerre, tels les amis de l'ordre et de la paix doivent être prêts à réprimer immédiatement le désordre et les troubles.

Nous n'aurons pas seulement à nous préoccuper de notre propre monde en Palestine ; diverses nationalités et des sectes religieuses plus diverses encore y résident et pas toujours paisiblement les unes à côté des autres. Il est vrai que, par le succès des projets sionistes, les juifs formeraient bientôt la majorité, mais pour le moment ils sont la minorité. Et il est désirable que tous les partis sachent que l'Administration juive n'a pas seulement la ferme volonté de maintenir l'ordre, mais qu'elle en a aussi le pouvoir.

En outre, il arrivera, indubitablement, les premières années, beaucoup d'éléments séditieux, la tête bourrée de doctrines socialistes ou anarchistes, et qui n'attendent rien de bon de la bourgeoisie. Le pays leur est ouvert, eux aussi doivent être secourus, peut-être bien les premiers, car ils arrivent des pays de l'oppression. Il me paraît seulement, qu'en Palestine comme partout ailleurs, on ne peut avoir un bon ordre social que sous le régime de l'intellect et que les chefs devront être choisis pour la plupart parmi ceux qui doivent leurs capacités dirigeantes à leur éducation soignée et à leurs études sérieuses. Nous ne devons pas trop nous occuper de politique les premières années. A l'œuvre sans verbiage, la politique suivra toute seule à son heure.

J'ai déjà dit que chacun serait libre d'arranger sa vie selon ses convictions religieuses ; en revanche, l'immixtion du clergé dans la chose publique serait prohibée. Eu égard à cela, il faut reconnaître que le Gouvernement turc est assis sur des épines. Des prêtres de toute espèce, des couvents et des églises jouissent de privilèges particuliers, comme l'exemption d'impôts et de droits d'entrée. La politique et l'église se tiennent la main ; les couvents acquièrent d'immenses propriétés, le Gouvernement turc est privé de revenus qui lui reviennent équitablement et le pays en pâtit.

Si nous réussissons à nous entendre avec le Gouvernement turc, nous devons tâcher en même temps de mettre fin à cet état de choses et nous devons promulguer une ordonnance légale à laquelle chacun devra obéissance, n'importe sa nationalité ou sa religion.

Tout cela est plus facile à écrire qu'à exécuter, et l'on ne doit certes pas traiter trop légèrement les difficultés à vaincre avant de pouvoir parler d'un succès quelconque, mais il n'y a pas non plus de raison pour les grossir.

On s'est peut-être étonné à juste titre qu'un philantrope juif, feu le baron de Hirsch, si au courant de la situation dans l'Empire Ottoman, ait préféré la République Argentine à la Palestine pour sa colonisation juive. Rien que la différence des frais de transport pour ce pays lointain aurait déjà fourni un fonds de capital à ceux qui se seraient établis dans la plus proche Palestine. Elkan Nathan Adler dit à ce sujet, dans son livre «Jews in many Lands», que le baron de Hirsch lui assurait que la seule raison pour laquelle il ne désirait pas voir les juifs se fixer en Palestine, était sa crainte qu'au bout du compte la Russie ne se rendît maître du pays.

Depuis, plusieurs chapitres importants ont été ajoutés à l'histoire universelle, et il est probable que le baron de Hirsch en jugerait autrement aujourd'hui. En attendant, nous voyons ce que la colonisation juive a achevé en Palestine dans l'espace de vingt-cinq ans. Cette colonisation n'a qu'à s'inspirer de l'idée nationale pour attacher les juifs à la glèbe et ainsi résoudre le problème juif.

Le pays est prêt et attend après la population qui le défrichera. La misère des juifs à l'Est de l'Europe et dans beaucoup d'autres parties du monde, est horrible. Le Gouvernement turc est bien disposé envers les juifs. Nous n'avons qu'à unir nos efforts pour arriver au but souhaité. Seuls, l'indifférence d'une grande partie des juifs aisés ou le désaccord parmi les autres ou chez les Sionistes même, pourraient aliéner les sympathies pour nos efforts. Le monde doit savoir que l'entourage du Sultan suit attentivement le mouvement sioniste et qu'en principe, rien n'empêche l'ouverture des négociations relatives à l'établissement du peuple juif en

Palestine. Pourvu que les grands organismes juifs s'entendent au préalable et présentent des propositions dûment formulées.

Le Sionisme s'est consolidé comme organisation politique depuis les douze années de son existence ; ses institutions financières sont régies avec probité et compétence ; elles se sont développées normalement malgré les prédictions pessimistes. Nous en appelons maintenant à la collaboration de tous ; ne songeons pas à un asile sûr pour la nation juive en dehors de la Palestine. Ne répétons pas les uns après les autres que la réalisation du Sionisme est chose impossible, mais donnons-nous la peine de mieux réfléchir à la question juive et mettons-nous au courant des faits qui s'y rapportent.

La grande masse suit toujours les classes supérieures, cela impose des obligations à ces classes et des obligations autres que celles auxquelles elles croient devoir obéir. Observez-les, les jeunes gens des premières familles juives ! Ils s'exhibent dans toutes les foires de la vanité, mis à la dernière mode, faisant l'admiration de la grande classe moyenne juive, qui, à son tour pendant ses heures de loisir, peuple les cafés et les théâtres, joue au billard et aux cartes. Il n'y a pas grand mal à cela, mais ce genre de distractions devient de plus en plus le mobile de l'existence. Notre jeunesse est blasée et ne nourrit plus d'idéal. Que de forces perdues pour la nation juive ! La nation juive nous appelle, elle exige nos biens, nos relations, mais surtout notre personne, notre activité ; il est grand temps de nous en rendre compte. La Chrétienté, qui a toujours considéré le peuple juif comme une nation, est généralement sympathique au Sionisme. Beaucoup de chrétiens, réellement animés de sentiments élevés, sont prêts à aider le peuple juif. Nous ne pouvons pas mépriser cette aide, nous en éprouvons le besoin, tâchons de la mériter.

Nous devons faire notre devoir comme hommes, nous devons faire notre devoir comme citoyens du pays que nous habitons et nous ne devons pas moins faire notre devoir comme fils du peuple juif. Ce devoir est la collaboration. L'œuvre collective avec ceux qui découvrent la voie de délivrance de ses misères pour le peuple juif. Seule, la collaboration nous donnera les forces nécessaires d'accomplir cette tâche.

Des circonstances momentanées, une organisation défectueuse peuvent retarder la solution de la question juive. Des hommes d'Etat au pouvoir peuvent être moins favorablement disposés pour la solution souhaitée par nous. Mais, au-dessus de tout et de tous, plane Celui qui dirige les destinées des hommes et des nations; c'est en Lui que nous espérons quand nous invoquons le rétablissement du peuple juif, dans le pays juif, de nos jours.

Cher lecteur, j'ai écrit les pages précédentes telles qu'elles m'ont été inspirées. Ne soyez pas trop prompt à les juger. Si la lecture a fait naître chez vous le sentiment que vous aussi pouvez collaborer à notre œuvre, ne refoulez pas ce sentiment. Travaillez selon vos moyens. Si vous êtes des grands, des puissants de la terre, que votre autorité et votre influence servent notre cause. Si vous êtes de ceux qui n'ont pas d'influence sur les classes dirigeantes, n'en travaillez pas moins selon vos forces dans votre modeste milieu. Souvenez-vous que vous faites partie du grand nombre, qu'il y a des milliers de vos pareils et que l'existence d'une nation forte n'est possible qu'à l'aide du travail collectif de tous les individus.

A l'œuvre donc, tout le monde !

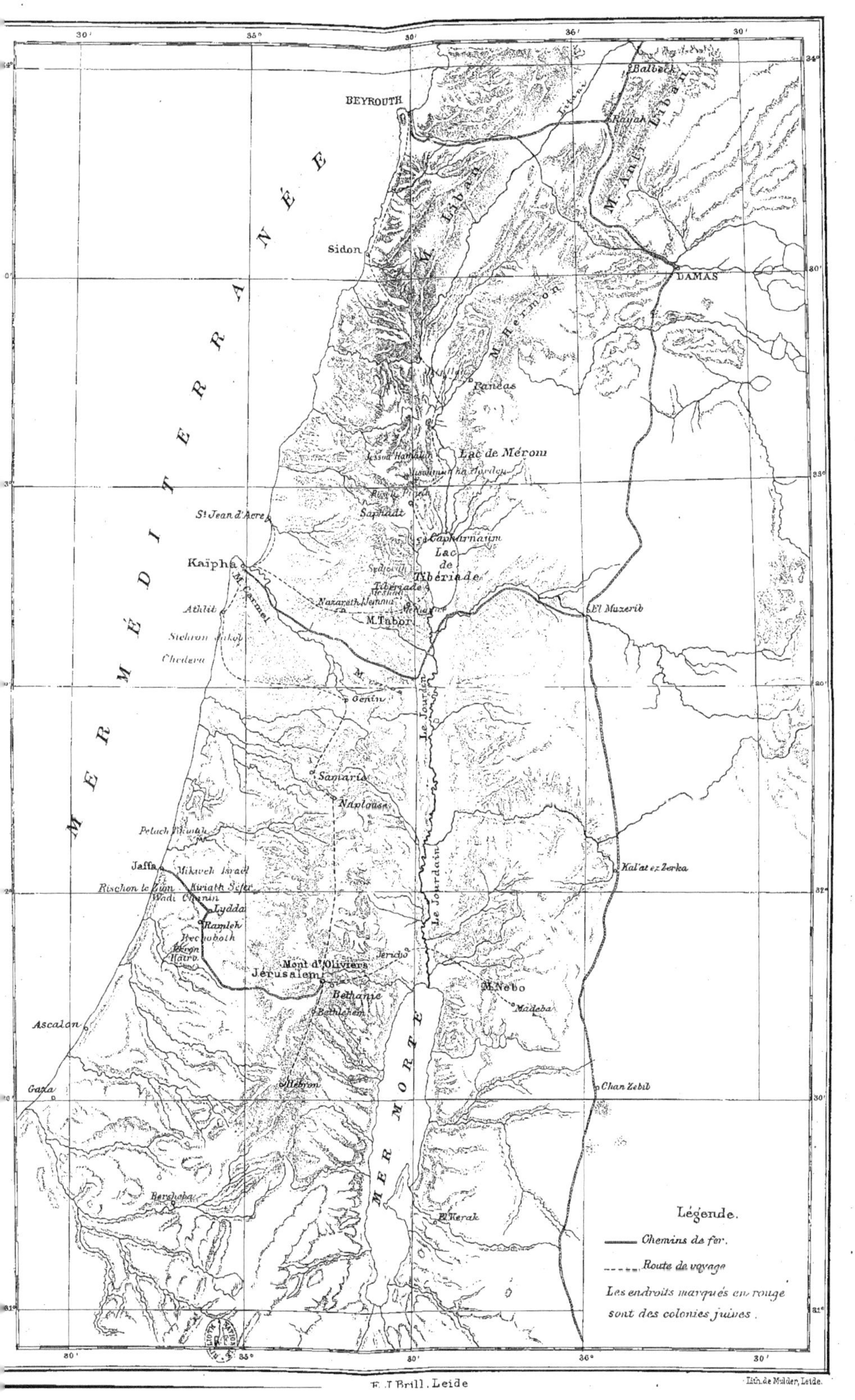
BEYROUTH
Balbeck
Rayak
M. Liban
M. Anti Liban
Sidon
DAMAS
M. Hermon
Panéas
Lac de Mérom
St Jean d'Acre
Saphadt
Capharnaüm
Lac de Tibériade
Kaïpha
M. Carmel
Tibériade
Nazareth
M. Tabor
El Muzerib
Athlit
Chedera
Genin
Le Jourdain
Samarie
Naplouse
M E R   M É D I T E R R A N É E
Petach Tikwah
Jaffa
Mikweh Israël
Rischon le Zion
Kiriath Sefer
Wadi Chanin
Lydda
Ramleh
Rechoboth
Kal'at ez Zerka
Mont d'Oliviers
Jérusalem
Jericho
M. Nebo
Béthanie
Bethlehem
Madeba
Ascalon
Gaza
Hébron
Chan Zebib
MER MORTE
Bersheba
El Kerak
Légende.
Chemins de fer.
Route de voyage
Les endroits marqués en rouge sont des colonies juives.
E. J. Brill, Leide
Lith. de Mulder, Leide.

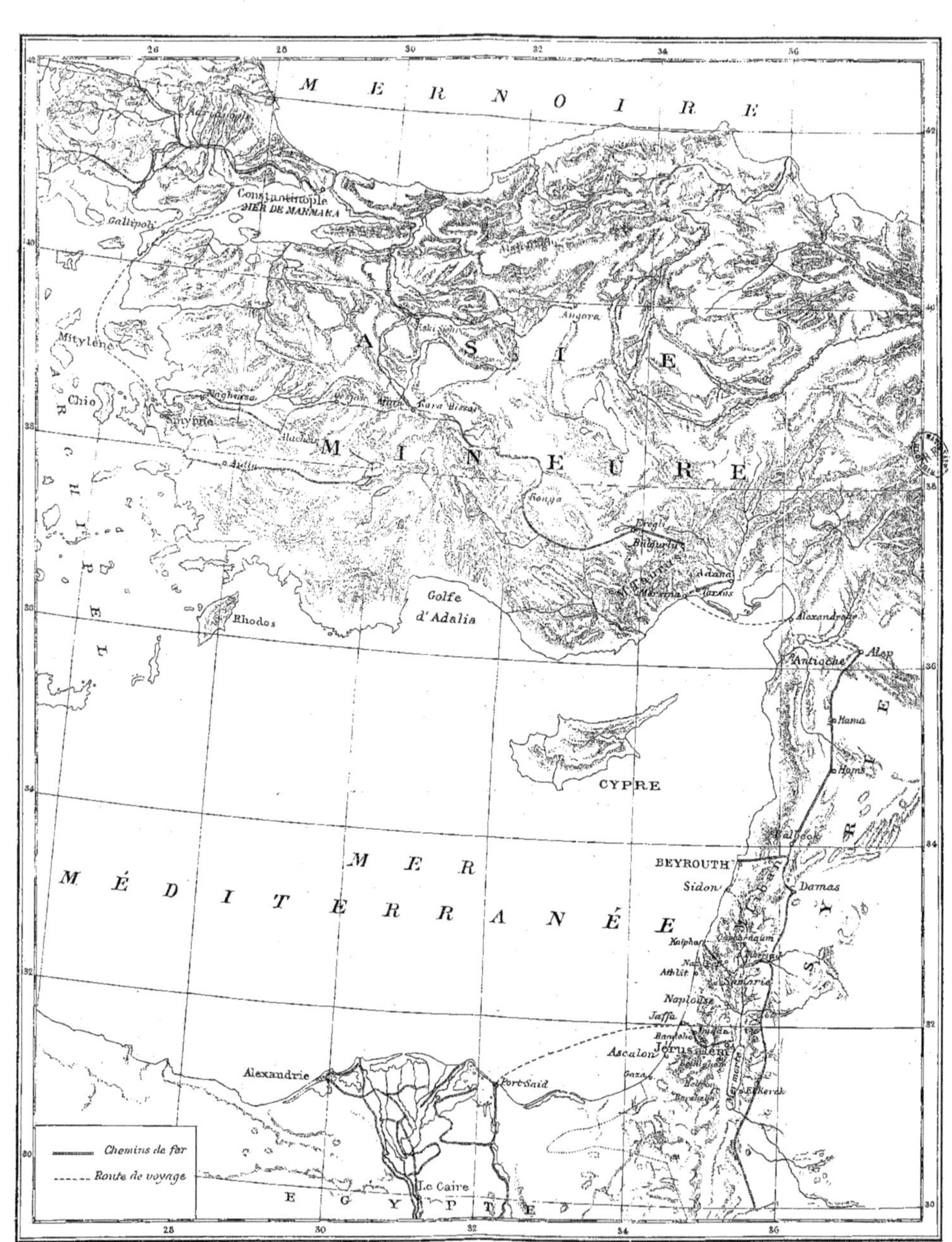

E. J. Brill, Leide

Lith. d. Mulder, Leide

www.ingramcontent.com/pod-product-compliance
Ingram Content Group UK Ltd.
Pitfield, Milton Keynes, MK11 3LW, UK
UKHW012215240726
13966UKWH00003B/776

9 782012 884380